立ち直りへの道

DV加害者カウンセリングの試み

まえがき

自分がカウンセリングルームを開き（２００６年）、カウンセラーとして活動するようになってから、ＤＶ（ドメスティック・バイオレンス：パートナーからの暴言暴力や精神的圧迫など）について悩む人たちによく出会うようになった。ＤＶの被害者にも、加害者にもである。

ＤＶというのは、虐待と同じように家庭という密室空間の中で行われるもので、しかも一番安心してくつろいでいいはずの場所で行われるものだけに、される方にとっては大変苦しいものである。最も守られていいはずの人から、傷つけられる、理不尽きわまりない接し方をされるというものである。最悪の場合、殺人にまで至ってしまうほどのものである。

カウンセリングという活動を進めれば進めるほど、ＤＶの問題は、現代人が抱える緊急な課題であり、現代社会がなんとしても解決しなければならない大きな問題として、私に迫ってきたように思えた。

そしてその人たちの相談に乗るうちに気づいたことは、ＤＶ被害者を支援してくれるところは少しずつできてきたけれど、加害者がＤＶを克服するための（更生するための）相談に乗ってくれるところが本当に少ないということだった。近くにはなかったのである。それは驚きだった。

しかし、ＤＶには被害者がいるが加害者もいて、ほぼ被害者と同じ数だけの加害者もいるのである。そしてなによりも加害者に何とかＤＶ行動をやめてもらわないと、ＤＶ被害は一向に減らない、ということである。

そこで私は、ＤＶ加害者へのカウンセリングの必要性を痛感し、自分のカウンセリングルームで何とかＤＶ加害者の更生に向けてのカウンセリングはできないか、それまで自分が学び、身につけてきたカウンセリングの技法を使い、実践を試みた。

しかし、わかったのは、ＤＶ加害者に対しては、カウンセリングの基本である「傾聴・受容・共感」の原則的な対応だけでは、ＤＶをなかなか克服できない、ＤＶ加害者は変わらないということだった。ＤＶ加害者に特化したプログラムが必要だということを痛感したのである。そして自分なりにその方法を探すうちに、いくつかのＤＶ加害者の更生に向けたプログラムに出会うことができたのだった。

この本では、そうしたプログラムから得たものをもとに、自分なりに工夫を重ね、ＤＶ加害者の更生に向けたカウンセリングを実施してみてのようすをお伝えしたい。そして、ＤＶ加害者更生に向けてのカウンセリングをきちんと受ければ、暴力的なところを克服していける人もいるのだということを紹介したいと思った。

人は変われる可能性を持っている。しかし何年も体に染み込ませてきたものをしっかりと見据え、認識し、そぎ落とし、克服していくことは並大抵のことではできない。そのことに挑戦していった事例をいくつか紹介し、これからのＤＶ問題の解決に少しでも役立てれば幸いだと考えている。

目次

第1章 絶えないDV問題……その深刻な実態

DVによる被害が一向に減らない。申告件数も、年々増える一方である。

2017年のDVの認知件数は7万2455件という（警察庁発表）。配偶者暴力相談支援センターへの相談件数も10万6110件で、2002年の相談開始以来の3倍になっており、これでも実際の氷山の一角であろうといわれている。私の住む県内でも、DVによる暴行傷害事件や殺人事件は絶えない。

私は2005年に教員を定年より少し早めに退職し、翌年からカウンセリンググループを開き、2010年からDV加害者更生プログラムを取り入れている。DVに関連した新規の相談は、毎月絶え間なくあり、DVとはこんなにも多いのかと思う。

忘れられない事件がある。これは私が直接関係した事例ではないが、2008年私の住む近くの町で、母親が6歳の息子を殺して自分も死のうとした、いわゆる母子心中事件が起こった。

母親が自宅で寝ていた息子の首に紐を巻きつけて殺害し、自らも死のうとカッターナイフで首を切ったが、死に切れず大けがを負った、という事件である。

この事件は当初は、子どもを道連れにした身勝手な母親による心中事件と見られていた。しかし裁判で明らかになったのは、婚姻中に夫から受けた暴力のすさまじさである。この母親は夫からの激しいDVにより、精神的に追いつめられ、心神耗弱状態となった結果、こうした行動に出てしまったということであった。

DVというのは、時にはここまで人を追いつめてしまうほどひどいものなのである。夫の暴力に苦しんだ妻が、精神的に追いつめられ、最愛の我が子に手を掛けてしまったという、こうしたことが起こるということ、これはまさに現代の形を変えた戦争と言ってもいいほどのものではないかと思う。

私は社会科の教員として30年間学校に勤務してきた。日本の平和や世界の平和に向けて、過去を学び、現代の世界を学び、これからの日本や世界のあり方を考えていくような授業を目指してきた。なによりも、これからの世界に戦争がないことを、これからの日本が真に平和であることを目指してきたつもりである。しかし、戦争のような状態は、遠い過去の話ではなく、遠い外国の問題ではなく、まさに今現在、自分たちの身近なところにあったのである。しかも最も安全で、最も安心できるところであるはずの家庭という場で、戦場に近いような現実が進行していたのである。家庭が戦場のようになっているという現実が、確かに進行していたのである。

実際に私が関わったある事例を紹介したい。ある女性（千絵さん（仮名）20代）が元夫から受けたDVの数々である。この女性は、面談した限りでは向学心も高く優しく聡明な人であったが、元夫からどんな暴力（DV）を受けたか、彼女自身がまとめたものは以下のようなものである（暴力の分類は、その女性によるもの）。

〈言葉の暴力〉

- お前の言うことはおかしい
- 屁理屈を言うな
- 頭がおかしい
- 非常識
- お前なんか誰も相手にしない
- すぐふてくされる
- 自分勝手
- 何が大変なんだ、働いてもいないくせに
- 俺は上の立場で、お前は下の立場なんだ
- 世間知らず
- 可愛げがない
- 使えねー
- 1回死んでこい
- 俺はお前の百倍脳みそを使って働いてきている
- その欠点を直さなければ苦労するのはお前だ
- 教育してやる
- 同じだけ稼いできてから偉そうに言え
- お前は馬鹿なんだから、俺の言うとおりにしていれば間違いなんだから、黙って言うことを聞け

〈心理的暴力〉

- 大声で怒鳴る
- 無視する
- 目の前で物に当たる、物を壊す
- 命令するような口調でものを言う
- 殴るそぶりや物を投げるそぶりをする
- 不機嫌になったり、むっつりしたりする
- 妻が大切にしている物を壊したり、捨てたりする
- 次にどんな行動をするかわからなくさせて、びくびくさせる

〈精神的な暴力〉

- 自分の怒りを相手のせいにする
- 土下座をさせる。長時間正座させる
- 怒ると反省文を書かせる
- 「お前の行ってたバカ学校」とか、「お前のようなバカな娘を育てたバカ親」とか言う
- 人前でもバカにする
- 外出先で不機嫌になると置き去りにする
- 外出に門限を設定し、その時間を過ぎたら鍵をかけ、家に入れないと言う
- 妻のちょっとしたミスに怒り、包丁を突きつけて、「指を切って詰めるかベランダから飛び降りるかどちらか選べ」とせまり、飛び降りる寸前までいく

〈身体的・性的な暴力〉

- 顔を平手で叩く、げんこつで殴る
- 頭や足を、足で踏みつける
- つかんで揺する
- 両足を持って逆さ吊りにする
- 避妊に協力せず、妊娠すると中絶させる
- 足で蹴る
- 突く。突き飛ばす
- 髪の毛をつかんで引きずり回す
- 部屋や家から出ないように遮る

以上のようなことをたびたび繰り返されたのである。

この文をお読みの方は、なぜここまでのことをされて離れようとしなかったのか、さっさと別れなかったのか、と思われるのではないだろうか。そう思われるのも無理はない。しかしすぐに別れなかったのは、この元夫の対応がとても巧妙だったからである。その巧妙さにこの女性も周りの人も、惑わされてしまったのである。

この女性がこの元夫と付き合っていた頃、あるいは結婚し同居していた頃、この元夫の暴力に耐えかねて別れを決意し別れを切り出すと、彼は一転、平身低頭して平謝りに謝るのである。

以下は2人が結婚前の交際中、暴言暴力を受けた千絵さんが怒って別れを告げた後、彼から来たメールである。

「きょうは会社に行ってもミスが多発して、いろんな人に一杯迷惑をかけてしまった……、自分のミスなんだからしょうがないんだけれど……。

自分がよかれと思ってしたことが、全て裏目に出てしまっている現状で、自分の浅はかさ、愚かさを痛感しています。

今の自分はとっても弱くてとっても情けなくて、自分で自分のことがとっても嫌で、なにもする気が起きず、なにも食べる気も起きず、なにも飲む気も起きず、なにもしたいと思わず、全然ダメで……。

そんな時に考えるのは千絵のことで、千絵からメールが来ればうれしく、オレは千絵しか頼れる人がいなくて、そういう気持ちがどういうところからくるのかわかっているんだけど、素直になれなくて……。

でも俺はそんな大切な人に対して汚い言葉で威嚇して傷つけてしまって、今落ち着いて考えれば大したことじゃないのに、いろんなことがたまってしまったような感じで、勢いで本心では思ってもないことを言ってしまった。本当に申し訳ないと思っています。本当に本当にごめんなさい。

今のオレは体の中の大事なものを抜かれてしまったような感じで、ホントに穴が空いてしまっているような感じで……、ホントに弱ってしまっていて……、心が痛くなって、悲しくなって、このままでいたらどうにかなってしまいそうで、辛い。

助けてほしい、ホントにみっともなくて、ホントに弱くて、ホントにかっこ悪くて、ホントに女々しくて、ホントに甘えていて、ホントになさけなくて、ホントにホントにごめんなさい。人のことを言えたもんじゃないね。

でも千絵の前では素でしかいられない。千絵の前でしか素の自分になれない。なんだかよくわからないだろうけれど、なにを言いたいんだと思うかもしれないけど、長々とごめんなさい。本当にごめんなさい」

こうしたメールが来たのである。このメールをもらった千絵さんは、「彼は充分反省している。だから、今後はもうひどいことを言ったり、傷つけたりするようなことはしないだろう」と思い、結局彼を許し、別れる決意を翻してしまったという。

結果として、結局そういうことを何度も繰り返していくことになったのである。

ＤＶ加害者の謝る時の言葉は、まるで「言葉の魔術師」のようである。言葉巧みに自分の弱さを強調し、相手の同情を引き出し、すがりつき、怒りを懐柔し、矛先を収めさせようとするのである。優しい彼女はついつい、「これほど反省しているなら、きっと大丈夫だろう。もう一度信じてみよう」と思ってしまったという。

優しさという人間の最も大事にしたい部分につけ入って頭を混乱させ、心も体も傷つけてしまう、これがＤＶの怖さなのである。

果たしてこうした加害者が変わり、ＤＶを克服していくということは可能なのであろうか？

第2章 DV加害者は変われるか？なぜ変わらないと思われているのか？

DV加害者は変わらないのか？

ＤＶをはじめとして、子どもへの虐待など、家庭内での暴力の件数は、一向に減るようすはない。むしろ増加の傾向にあるようにも見える。そしてＤＶ被害や子ども虐待の深刻さが明らかになるにつれて、被害者支援、被害者保護の対策は、不充分ながらも少しずつ取られるようになってきた。被害者の相談窓口も、各県や市町村単位、あるいは各警察署で設けられるようになってきている。

しかし問題は、ＤＶ被害者と同じ数だけのＤＶ加害者がいるということである。被害者には相談するところやシェルターはあっても、加害者には加害行為を止めさせるための有効な手立ても対応策も取られていないというのが、現状ではないだろうか。

ＤＶ行為があった時に、被害者が訴えれば加害者は逮捕、留置されたりはする。それが有罪になって刑務所に入ることもある。また被害者が保護命令を申請し、受け入れられれば、一時的に加害者を近づかせないようにすることもできる。しかしこれらは皆、ＤＶ加害者を取り締まり罰するための仕組みではあっても、ＤＶ加害者がＤＶ行為を克服し、ＤＶ行動をしない人になる、つまりＤＶ加害者が更生するための仕組みではない。被害者は加害者と離れれば、一応は直接的なＤＶから逃れることはできる（ストーカー被害やＤＶ被害後遺症は別として）が、加害者は放置されたままである。一時的に罰せられるだけである。

ＤＶ加害者は、被害者と別れてもまた別の相手を求めていく。再び恋愛をしたり、再婚したりして、またそこでＤＶをするのである。これは言うなれば、ＤＶをする可能性のある人をそのまま放置し、野に放ったままにするのと同じではないだろうか。これでは一向に被害は減っていかないし、むしろ被害者は増えていくばかりである。ＤＶ被害者を増やさないためには、加害者に何としても変わってもらい、ＤＶをしない人になってもらわなければ、ＤＶ問題の解決、ＤＶ被害者の安心・安全にはならないのである。

しかし、「ＤＶ加害者は変わらない」と言われることがほとんどである。被害者は相談先で「加害者は変わらないから早く離れなさい、別れなさい」と言われ、加害者自身も本やインターネットなどで調べたり、あるいは医者などに診てもらっても、「それは性格だから、生まれつきのものだから、変わらない」と言われたりする。

果たしてＤＶ加害者は変わらないのであろうか。ＤＶ加害者が変わるということはないのであろうか。

私がＤＶ加害者更生プログラムを学び始めた頃、ＤＶ問題をテーマにしたある研修会に参加したことがあった。「ＤＶから被害者を守るための方策の一つとして、加害者にＤＶ加害者更生のプログラムを受けてもらうことはどうか」と提案したところ、ＤＶ被害者の支援活動をしている人から言われた言葉がある。その人は次のようなことを言った。

「ＤＶ加害者が変わるなんてことはありえない。ＤＶ加害者更生プログラムなどは、加害者が変わると思わせるだけで効果はないし、結局離婚を先送りさせるだけだ。プログラムを受けている間だけはおとなしくしているが、終わればまた元の木阿弥になってしまう……」。

これを言われた時は、そうか、そのように思うんだーと思ったが、どこか納得できないものも感じたことを覚えている。このように加害者は変わらないと断定してしまっていいのだろうか、と思った。ＤＶ加害者は変わらないと断定してしまうことは、被害者を加害者から離して守ることにはなっても、加害者を放置することになってしまうからである。放置された加害者はどうなるか……、ストーカーか、再度また別の人に対してのＤＶ加害者となっていくのではないだろうか。

またこの被害者支援をしている人は、ＤＶ加害者更生プログラムがどういうものなのかを知ったうえで言っているのか、疑問にも思った。

かつて日本では、公害が大きな問題になったことがあった。この公害問題も、被害者の救済だけではなく、発生源対策にも力を入れ、発生源への規制を強めたからこそ、解決に向かっていったのではないだろうか。

ＤＶ問題も、被害者支援と加害者更生の両方の対策が必要ではないだろうか。それなくしては、ＤＶ問題は一向に減らないし、被害者が増えていくことに拱手傍観していることと同じことになってしまう。「ＤＶ加害者は変わらない」と断定してしまうことは、「ＤＶ加害者は変わらなくてもいい」と断定することと同じことになってしまうのではないだろうか。実際問題として、加害者の更生に向けた対策はほとんど手付かずで、加害者更生プログラムもごく一部の限られた場所で行われているのが現状であるだろう。

しかし、先のＤＶ被害者支援の人の言葉は、現在ＤＶ加害者更生のカウンセリングをしている私にとっての「戒めの言葉」「警告の言葉」として、忘れないようにしている。指摘されたように、カウンセリングを受けて変われたかなと思った人が、しばらくしてまたＤＶを再発させてしまった例は、実際にあるからである。

加害者はなぜ変わらないと思われているのか？

ではＤＶ加害者はなぜ変わらないと思われているのか、その理由を考えてみると、

---

① 加害者はこれまで何度も「変わるから」とか「暴力をやめるから」と約束したり、誓ったりしながらも、変わったためしがない。

② 怒りやすいのは持って生まれた性格、あるいは親から受け継いだ遺伝や気質だから、カウンセ

リングを受けたり、学んだりして変わるものではない。

③　あれほどひどいＤＶをする人が、変わるはずないし、変われるはずがない。たとえ変わったとしても、あれだけのことをした人を許すわけにはいかない。またそのひどさを考えると、変わるなどということ自体が許せない。

④　加害者がたとえ変わったように見えても、絶対ということはないのだから、またいつＤＶをしだすかわからないし、信じられない。

⑤　ＤＶは「ジェンダー・バイアス」や「暴力容認」などの社会の歪んだ考え方の中から生まれてきたものだから、社会が変わらない限りＤＶはなくならない。そしてＤＶ加害者はその考え方を身に染み込ませてきた人たちだから、容易なことでは変わらない。

⑥　ＤＶ加害者更生プログラムやＤＶ加害者カウンセリングというものは、日本ではまだほとんど知られていないので、その効力がどんなものか全く不明である。

以上のような考えが理由としてあるのではないだろうか。特に、「怒りやすいところや暴力的なところは生まれつきのものであり、性格であり、だから変わるようなものではない」という考えは、根強いものがあるように思う。

DV加害者の暴力性は、生まれつきのものか

ＤＶ加害者の暴力的な行為は、果たして生まれつきのものなのであろうか、あるいは身についた考え方などの影響によるものなのであろうか。

私は自分のカウンセリング活動にＤＶ加害者更生プログラムを取り入れて10年近くたち、これまで多くのＤＶ加害者に向き合ってきたが、そのＤＶ行為が性格からきたもの、生まれつきの怒りやすさからきたものと判断した例はほとんどない。なぜかというと、加害者の暴言暴力はパートナーや子どもや、自分より力の弱いと思われる極めて限られた人にしか出していないからである。ＤＶ行為が持って生まれた性格的なものならば、暴力的なものは相手を限定しないで発揮されるのではないだろうか。

逆にほとんどのＤＶ加害者に共通していると思われることがある。それは暴力的なものをいつ身につけたか探るために生い立ちをたどっていくと、多くの加害者に共通していることとして、子どもの頃に親やおとなたちからＤＶ的なもの（体罰や言葉の暴力や強い束縛・支配など）を受けたり見たりして、身に染み込ませた時期があるということである。そしてその過程で、ものごとを解決するのに暴力を使うことを学んだり、自分が受けた心の傷への痛みや怒りを暴言暴力で人に吐き出してしまっているようなところがあるということである。

つまり、育ちの中で暴力的なものを受ける中で作られてきた怒りや暴力性を心の中に蓄積してきてお

り、心の中がいわば「暴言暴力で解決する方法」と「心の傷への痛みや怒り」で、かなり一杯な状態になっているということである。ＤＶ加害者はちょっとした気に入らないことで激怒することが多いが、心の中がすでに子どもの頃から蓄積されてきた怒りや不満で一杯なために、すぐに爆発し、暴力的なもので解決しようとするように見える。あるいは心の傷に触れられることで、怒りのスイッチが入るとでも言ったらいいであろうか。

ＤＶ加害者は、次のように言っている。

「我が家では、父から母へ、母から子へ、怒鳴ったり、手を上げて怒ったりということが、ごく普通に起こっていた。ちょっとのことで怒鳴ったりすることは普通のことで、異常のこととか、ひどいこととか全く思っていなかった。だから怒鳴るというのは、私にとってごく普通のことでした」（30代男性）

これと同じようなことを言うＤＶ加害者は多い。別の加害者は

「自分は小さい頃から父親からたびたび殴られてきたので、痛いという感覚がなくなった。というか痛みに対して鈍感になってしまった。だから、怒鳴ったり、殴ったり、物を壊したりということが、

「ごく普通のこととしてできてしまう」（30代男性）

これらの男性がごく稀な、特別な人というわけではなく、同じようなことを言うDV加害者は多い。しかし、この男性も会社では怒りをあらわにすることもなく、ごく普通のまじめな社員として勤務しているのである。DV加害者といわれる人が、暴力的な言動をする対象はほとんど限られている。妻や夫や恋人などのパートナー、あるいは子どもや自分よりも弱い立場の誰かに対してだけである。

限られた対象にしか出していないからこそ、持って生まれたもの、生まれつきの気質や性格ではないとも言えるのではないかと思う。いわば、自分が弱い立場の時に受けた暴力や束縛への怒りを、今度は逆に自分より弱い立場の人や受け止めてくれるであろう人（パートナーなど）にぶつけてしまっているように見えるのである。いわば、「暴力の世代間連鎖」「トラウマの再演」「虐待的人間関係の再現」である。DVは生まれついてのものではない。性格的に短気な人がするのでもない。育ちの中で身につけた暴力性が引き起こすもののように思う。持って生まれたものではなく、育ちの中で身につけたものであるからこそ、何らかの手をかけていけば暴力を振るわない人に変われる可能性があり、DVが治る可能性があるのではないだろうか。

私はそういう視点でDV加害者といわれる人たちと向き合ってきた。

第3章 DV加害者を前に立ち往生！

DV加害者を前に、立ち往生してしまった！

私が2005年に教員を退職し、翌年にカウンセリングルームを開いてから、少しずつ相談に来てくれる人が増えていった。中でも生きづらさを訴える人や夫婦関係に悩む人などが多かった。

たとえば、「妻が突然家を出てしまった」とか、「出ていった妻から調停を起こされた」、「離婚を要求された」という人などが何人かいた。その中に、これは明らかにDV加害者だなと思われる人たちも何人かいた。

そのDV加害者と思われる人たちの話を聞いていると、いろいろと共通点が多かった。大概、叩いたり、大きい声で怒鳴ったりはしたと認めながらも、自分がいかに家族のために一生懸命働き、いかに頑張ってきたかなどを切々と述べていた。

カウンセリングの基本は、まずは「傾聴・受容・共感」ということであるが、それだけをもとに対応していくと、その人たちの言い分を延々と聞くだけで終始し、自分の行動がＤＶであることや、相手をどれだけ苦しめたかについての気づきや認識まではなかなか至らなかった。

なかにはマシンガントークで一方的に相手（妻）の非をずーっと並び立て、いかに自分が苦労してきたかを強調し続ける人もいた。

「自分たちのしてきた夫婦げんかも通常の夫婦げんかの域を超えるものではなく、また手を上げたのも何度注意しても改めないのでそれを戒めるためにやむを得ず行ったもので、暴力などではない」と言うのである。また、「妻は精神病の傾向もあり、言うことやることがどうもおかしいので精神科へ受診させようかと思っている」と言う人もいた。

相手の話をしっかり聴くというのはカウンセリングの基本ではあるが、それだけでは彼らの言い分を延々と聴くだけで、一向にいい方向へは展開していかなかった。話をしっかり聴くだけでは、ねぎらうことにはなっても、自分のしたことを見つめ直し、なぜ妻（や夫）が別れたいと言いだしたのか、離婚を告げてきたのか、それらについての考えを深めたり、自分の側の問題点の自覚を深めることにはなかなか至らなかったのである。そのため面談のほとんどの回が、一方的に聴くという感じで終わってしまった。

私はそんなＤＶ加害者を前に、立ち往生してしまった。それまで自分が身につけてきたカウンセリングの基本である「傾聴・受容・共感」を元にしたやり方だけでは、通用しなかったからである。

そしていくら話を聞いてもらったところで、それだけではなかなか事態が進展していかないと判断したのか、やがて来なくなってしまった人も何人かいた。

実際、のちに私がＤＶ加害者の更生に向けてのプログラムを学び、それなりの対応ができるようになった時に、私の所に来たあるＤＶ加害者はこんなことを言った。


「ここに来る前に、別のカウンセラーの所に7回通いました。話はよく聞いてくれたし、ねぎらってもくれました。頑張ってきたんだよね、と慰めてもくれました。でも私は変わりたいんです。ただ話を聞いてもらうだけではだめなんです。私は変わりたいんです」


私も当初は、このように自分が変わることを望んでいるＤＶ加害者の期待に、充分には応えられなかったのである。

当時の自分はカウンセラーになって日も浅く、経験も乏しかったとはいえ、しっかり聴くということはそれなりにできてはいるつもりだった。しかし、ＤＶ加害者に対しては、話を聴くというだけではなかなか状況を打開できなかった。改めてＤＶ加害者のカウンセリングには、ＤＶ加害者用に特化したプログラムが必要であることを痛感したのである。

そんな時に、エイデル研究所の雑誌『季刊セクシュアリティ』で草柳和之氏の文章を目にし、東京の「メンタルサービスセンター」の活動を知った。

草柳氏が「DV加害者心理療法研修会」という講習会を開いていたので、そこに参加し、勉強してみることにしたのである。

その講習会では、DV加害者がどうしてDVをするに至るのか、その心理や意識の分析や、どう対応してDVの克服を図っていくかなどを、さまざまな事例をもとに学習が進められていた。私はDV加害者について特化した対応があるということを初めて知り、何度か参加させてもらった。草柳氏はいくつかの心理療法を駆使し、DV加害者の更生に確かな実績を上げている、力のある臨床家だった。

また草柳氏の著書である『DV加害男性への心理臨床の試み〜脱暴力プログラムの新展開〜』（新水社刊）は、DV加害者への心理療法的な見方や取り組み方について書かれたもので、大変学ぶところの多い本だった。何度読んでも学ぶところがあり、今でも傍らに置いて時々読み返すようにしている。

そうした学びを通じて、自分も少しずつDV加害者に向き合えるようになっていったように思う。

▒ デートDV加害少年との出会い ▒

そんな時、ある高校から、デートDV加害少年のカウンセリングを依頼された。

その少年は、同じ高校に通う1学年下の女子生徒と恋愛関係にあったが、彼女に暴力を振るってしまい、それが学校の知るところとなり、停学処分を受けたというものであった。

学校としては「カウンセリングを受けて暴力を振るわなくなったら、復学を認める」という処置にしたという。

この少年はバスケットボール部の選手で、背も高く顔立ちも整っていて、いわゆる女の子にもてるタイプだったようである。彼女の方があこがれ、彼女から告白して彼がそれを受け入れ、付き合うようになったということであった。

文化部だった彼女は、恋人関係になってから彼の部活動の練習のようすを時々見に来るようになり、彼もそれが嬉しかったという。彼がたまに練習が早く終わったり、休みだったりすると、彼女の方が彼の都合に合わせて2人で会った。親が留守がちな彼の家で時々会い、性関係もあったという。

付き合う中で2人は約束した。「彼女は彼以外の男性とは口をきかない、彼も彼女以外の女性とは口をきかない。それぞれ異性の友人のメールアドレスも消し、自分以外の異性とはメールのやり取りもしない。それを破ったら殴ってもいい」というものであった。

ある時、彼が彼女に会いに彼女のクラスに行くと、彼女がクラスの男子と話をしているのを見かけた。約束を破ったと見てとった彼は、彼女を校舎の裏へ連れていき、約束を破ったことをなじり、彼女をこぶしで何度か殴ったのである。外からは見えない胸や肩や腹部をである。そういうことが何度もあったという。

ある時、彼女の体があざだらけであることを偶然にも彼女の母親が見つけ、彼女に問いただしたところ、彼に殴られてできたということを告白したのだった。驚いた母親が学校に相談したところ、学校もこれは見過ごせない暴力だということになり、彼を一時停学にし、カウンセリングを受けさせ、暴力的なところを直したら復学させるということになった、というのであった。そこで私の所に依頼があったのであった。

彼へのカウンセリングを続けていくと、暴力の背景も少しずつ見えてきた。

彼の父親と母親は彼が小学生の時に離婚していたが、離婚前まではよく夫婦げんかをし、父親が母親を殴ることはしょっちゅうあったという。そのことについて彼にどう思ったかを問うと、彼は「別に……」と言い、「母も悪いところがあったからしかたないと思う」と言った。実は、彼は母親から時々叩かれたことがあり、彼としては「どっちもどっち」と思ったという。

彼は父親からは、直接殴られることはなかった。だから、母親が彼を置いて家を出た時（彼が小学校4年生の時）は、寂しくもあったが、「あー、これで母から殴られずに済む」という安堵感もあったという。父親のところに残ることも、彼が自分で決めたということだった。

しかし、その父も、母が出ていってからは一層お酒を飲むようになり、時々彼を殴るようになったのだ。体格が父親に勝るようになった中学3年生の時に、殴りかかってきた父親の腕を思わずつかんでねじったところ、父親が「痛い、痛い」と言ったので、それ以上ねじるのを止めたが、それ以来父親も殴ってこなくなったという。

中学3年生の時に、母親が彼を迎えに来たので、母親と一緒に住むことになった。しかしその母もその時はすでに再婚していて、弟も2人生まれていたという。新しい家庭にはなかなかなじめず、落ち着けなかったようだ。

彼は、私がいろいろ聞いていくと、ぽつぽつと語りはしたが、どんな時にも表情をほとんど変えなかった。辛かっただろうと思うことも、悲しかっただろうと思うことも、ほとんど表情を変えることなく淡々と語った。その時の心情を聞いても「別に……」という言葉が多かった。なかなか彼の心を開かせるのは難しいと思った。それでいて、彼女を殴った時のことを聞くと、「それは彼女が約束を破ったから悪いんだ」と強く言い張り、表情を強ばらせ、興奮気味だった。

何度かカウンセリングをした後、彼の親から彼が学校を退学することに決めたという連絡が入った。彼としては、高校へ戻って勉強をやり直すのも面倒くさくなった、というのである。それ以来、私の所へもピタッと来なくなってしまった。

こうして私のカウンセリングは進展せず、彼もほとんど変わらないまま、中断してそのまま終わってしまったのである。

私は高校生にも使えるようなもっとわかりやすいプログラムの必要性を感じた。そういう時に東京の

「アウェア」（代表・山口のり子氏）の存在を知り、そこが主催していた「デートＤＶ防止プログラム・ファシリテーター養成講座」を受けてみることにした。

アウェアのやり方は、アメリカの更生プログラムを元にした教育プログラムだった。ＤＶ加害者の暴力の背景には「暴力容認」や「ジェンダー・バイアス」「力と支配」などの意識があり、それらに囚われていることへの気づきとその意識改革を、グループワークで進めていくというものであった。私はここで「デートＤＶ防止プログラム・ファシリテーター養成講座」さらに「ＤＶ加害者プログラム・ファシリテーター養成講座」の両方を受け、学びを進めていった。ただ、教育プログラムであるだけに、加害者の持つトラウマ（心の傷）についてはあまり触れなかったので、それは別の所で学ぶことにした。

こうして私は、草柳氏の講座から学んだ心理療法的な見方や取り組み方と、さらにその頃から学び始めたトラウマ（心の傷）の克服に有効なゲシュタルト療法と、そしてアウェアから学んだアメリカ式の教育プログラムと、それらを併用して使いながらＤＶ加害者と向き合っていくことにしたのである。

それによって私はＤＶ加害者の更生に向けたカウンセリングに、少しずつ効果を実感できるようになっていったのである。

第4章　DV加害者カウンセリングを実施して
～ある男性DV加害者の場合～

ある男性DV加害者

あるDV加害男性のケースを紹介したい。この男性は、パートナーである妻からの依頼でDV加害者更生のカウンセリングを始めたものである。

この男性が妻に対してしたDVの内容は、妻の話によると以下のようなものであった。

- 3ヵ月に1回くらいの割り合いで、激しくキレる、暴言、暴力がある。
- 結婚して3ヵ月目くらいに、これから生まれてくる子どもの教育方針をめぐって話をしていたら、突然怒りだした。「なんで俺の言うことに逆らう！　お前の言い方はきつい！」と言い、妻の頭にビールをかけたのだった。

- 直接の肉体的な暴力は多いわけではないが、出産して間もない頃、切開したところがまだしっかり固まってないのに、腰を回し蹴りで蹴られり、肩や背中を叩かれたりしたことがあった。
- 直接の暴力よりも、物に当たったり、バカにしたり、壁に穴を空けたりすることが多い。
- けんかして怖くなり、妻が親に連絡して急きょ来てもらおうしたら、「なんで2人のことなのに、親を呼ぶんだ！」と怒って、妻の携帯電話を折ってしまった。
- 言葉の暴力がきつく、「バカが、なんでそんなこともできねえんだ！」「アホじゃねえ!?」「能力ないなー！」「だからだめなんだよ」「使えねえなー」など、バカにしたり、けなしたりする言葉が多く、「死ね！」という言葉は、しょっちゅう言われた。
- こんなこともあった。夕食の時に、妻は子どもを抱えて子どもに食べさせながら食べていた。夫が「鮭の身をほぐしてほしい」と言った時に、妻が「私はあなたのお母さんじゃないんだから、自分でやってよ」と言ったら、夫はそのことに激怒し、罵詈雑言を浴びせた。

「ぼけっとしてるな。ご飯の時ぐらい子どもをしっかり見てろ。こっちへ来ないように拘束しておけ。調子に乗んなよ。おい黙れ。お前だけ出て行け。お前みたいなやつに育てられたら子どもがかわいそう。どっちが幸せだか考えろ。調子にのんなよ、おめえ、カス、つかえねえ、おめえの替わりはいくらでもいる。調子に乗んなよ。おい！　ぼけ、カス、使えねえ。お前の能力は知れている。調子に乗ってんな。ぶっ殺すぞ、てめえ。ぶっ殺す、ぶっ殺す……」と言って、物を投げ、寝室の方へ行ってしまった。

- ある日曜日に、夫の実家に遊びに行った時、昼食の時に自分の母親に対してものすごい剣幕で怒鳴った。

「しょう油持って来いって言ってんだろう。ばばあ、おい調子に乗ってんじゃねえぞ。ばばあ、早くしろって言ってんだよ。くそっ、使えねえ……」

と怖い顔つきで……。

妻の敏子さん（仮名）は夫の言葉を聞くたびに、胸が苦しくなったり、めまいがしたりするようになったという。子どもにとって父親は必要だけれど、怒鳴ったり、ののしったり、物を壊したりするような父親はいらないと思ったというのだ。

ただ夫は、大学の時にうつ病になって通院したことがあったり、夫の父親も彼に対してはとても言葉がきつい人だという。それでこの際しっかり治療やカウンセリングを受けることで、変われるきっかけができるかもしれないと思い、住んでいる町の女性相談に相談したり、ネットでＤＶ加害者対象の相談に乗ってくれるところはないかと探したりして、私のカウンセリングルームを見つけたということだった。

この敏子さんから話を聞き、カウンセリングの依頼を受けた時に、彼女の夫のＤＶの内容もかなり深刻なものであったので、敏子さんには次のように話した。

「ＤＶのようすもかなり深刻なものですので、私としても精一杯カウンセリングをしますが、彼がＤＶを克服できるかどうかは、なんとも言えません。克服できる可能性はあると思いますが、絶対に変われますよとお約束はできません。ひょっとすると、離婚を先送りするだけになってしまうかもしれませんが……」と。

でも妻の敏子さんは、それでもいいからやってみてほしいということだった。それでだめだったら、あきらめて離婚を考えるというのだ。

ＤＶ加害者カウンセリングを行う

夫の正夫さん（仮名）も、妻から、離婚かカウンセリングを受けるかをせまられ、重い腰を上げるようにカウンセリングを受けることになった。

初めに彼にも、自分がどんな暴力的なことを妻にしたかを振り返ってもらい、書き出し、確認していった。

彼が妻に対して言った言葉を彼に確認してから、改めて彼に妻の立場になってもらい、私が夫の役になって、彼が言った言葉と同じ言葉を妻役の彼にぶつけてみた。

「死ね！」「バッカじゃねえ！」「使えねえなー！」「なんでそんなこともできねえんだ！」「アホじゃねえ！」「だからだめなんだよ」……など。

そのように言われた感想を彼に聞いてみると、「そういうふうに言われてみると、本当にきついですね。苦しくなります。悲しい気持ちになりますね」と言った。

そしてまた彼は次のようにも言った。

「でも、それは自分もよく父に同じようなことを言われてきました。今でも言われています……」

そしてさらに、「妻に対してどういうふうに接していいか、わからないんです。子どもにもどう接したらいいか、よくわからないんです」と。

妻の敏子さんが、正夫さんの暴力を彼の父親に訴えた時に、父親は彼に「いくら正しくても、手を出したらいかん、手を出した方が負けだ」と言ったという。しかしその父親こそ、彼にも母親にも手を出してきた人だったのである。でも父親には逆らえなかった。今でも怖いし、父親には何も言えない、と正夫さんは言う。

正夫さんに暴言や暴力を教えたのは他ならぬ、父親だった。彼は幼い頃からずっと、父親から罵倒されたり、厳しい体罰を受けたりしてきたのである。

そして彼は、このようにも言った。

「自分は小さい頃から父からたびたび殴られてきたので、痛いという感覚がなくなった。というか、痛みに対して鈍感になってしまった。だから怒鳴ったり、殴ったり、物を壊したりということが、ごく普通のこととしてできてしまう……」

正夫さんの母親にも話を聞いた時に、次のように言った。

「夫は息子に暴力を振るい始めると、かなり激しく、息子は顔が腫れ上がったり、口の中から血が流れたりしていました。私も止められませんでした。そういうことが20歳過ぎてもありました。息子は無抵抗で、されるがままにしていました。

我が家では父親が絶対なんです。父親の機嫌で我が家の一日が決まります。私も風邪を引いても、熱が39度を越さない限りは家のことをやります」ということだった。

家庭で、絶対君主のように振る舞う父親。その父親には誰も逆らえず、彼は30歳近くなった今でも父親が怖いし、父親の前に立つと何も言えなくなってしまうということだった。

心の奥に秘めていた体罰への怒り

妻のささいな言動が気に入らないと言って、まるで火が付いたように激しく怒る彼。その怒りの感覚を元に、カウンセリングで彼の怒りの根源をたどっていくと、彼の心の中に押し込まれていた怒りの根っこが見えてきた。それはこんなやり取りからである。

父親に激しく怒られ、それに対して怒りを感じつつも我慢した時のことを思い出してもらった。

高校生の時、彼は近所に長く放置されていた自転車を勝手に乗り回してしまった。それが盗まれていたものとわかり、警察に呼ばれて事情を聞かれた。そのことを父親に知られ、激しく怒られた。家の廊下に正座させられ、父親に「お前は人間のクズだ！　カスだ！」と言われながら、顎をこぶしで強く殴られた。その時の殴られた衝撃は顔中に響く感じで、今でも忘れられないと言う。

私はカウンセリングの技法を使い、彼に目を閉じてもらって、次のように聞いた。

「殴られてガーンと響いたその顎に、もし口があったらなんと言いますか？」

彼は眼を閉じたまま次のように言った。

「痛いなあ、バカ野郎！　おまえ覚えとけ！　いつかえらい地獄を味わわせてやる！　俺の顔を見ただけでおびえるような生活をさせてやる！　俺を見ただけでビビるような生活をさせてやる！　殺すことはできないけれど、普通の生活はできないように、足をちょん切って、息をするだけの、半殺しにするような目にあわせてやる……。

棒とかで歩けないくらいまで足を叩きつぶしたり、手もつぶしたり、オカルト映画に出てくるような、そのくらいのことをしてやる！

殺すところまではいかないが、ぼこぼこにしてやりたい！……」と。

彼はこれだけの怒りを、心の中に秘めていたのである。

しかし、実際の日常生活ではどうかというと、今でも「父親を前にすると全く萎縮してしまい、戦意喪失状態になってしまう」と言う。反面、妻が少しでも気に入らない言動をすると、すぐに怒りを露わにし、激怒するのである。

アメリカのカウンセラーのスーザン・フォワードは、その著書『毒になる親』の中で次のように言っている。

「あなたに負わされたものは、その原因となった人に返さない限り、あなたはそれを別の人に渡してしまう、ということなのだ。

もし親に対する恐れや罪悪感や怒りをそのままにしておけば、あなたはそれを人生のパートナー（妻や夫や恋人）や自分の子どもの上に吐き出してしまう可能性が非常に高いのである」

（スーザン・フォワード『毒になる親』毎日新聞社、２４５頁）

正夫さんは私にこのようにも言った。

「父はよく僕を殴った。妹はほとんど怒られたことがなかった。確かに自分が悪いことをしたから怒られるのは仕方ないが、殴らないで口で言ってくれればいいのにと、いつも思ってきた。いつかぼこぼこにしてやりたいと思ってきた」

この正夫さんに限らず、ＤＶ加害者のほとんどに共通していることは、彼らはパートナーや子どもに対しては加害者であるが、生い立ちの中では彼らもまた暴力的なことを受けてきた被害者であるということである。

彼らの暴力性は、生まれ持ってのものではない。育ちの中で、父（母）が母（父）に暴力を振るうのを見たり、あるいは親などのおとなから暴力を振るわれたりして、身につけてきたものなのである。育っていく中で身につけたものであるだけに、ここにまた暴力克服の糸口もあるのである。

父親への根深い怒り

彼や彼の母親の記憶によれば、彼は子どもの頃から24～25歳くらいまで父親に殴られてきたという。そしてそれが彼の心の傷（トラウマ）にもなっていた。

しかし父親からの激しい体罰への怒りや恨みは彼自身にも意識されることもなく、父親に対しても怖いという思いはあっても、反発や反抗として出ることもなかった。彼自身も彼の母親も、彼には思春期での反抗期は全くなかったと言う。それほど父親が怖かったとも言える。父親からの体罰への怒りは、心の奥に内蔵されたまま怒りの固まりのようになって、閉じ込められてきたのである。そのエネルギーは、まるで燃えたぎるマグマのように沸々と心の中で煮えくり返り、爆発の機会を狙っているような状態でもあったのである。

しかしそうした心の中に閉じ込められてきた怒りは、怒りの元である父親には向けられず、自分を愛してくれる人・自分を受け入れてくれる人が目の前に現れると、まるで出口を見つけたかのように、ささいなことをきっかけに噴出した。それが妻への暴言暴力＝DVという形で現れたのである。いわば暴力の連鎖である。

こうした怒りの固まりが心にある時は、「暴力はダメだ、あなたのしていることはDVで相手を傷つけることなんだ」といくら説明し、わかってもらおうとしても、心の中にはなかなか入っていかない。頭の先で理解するだけで、心には染みていかないのである。「自分がされたことはこんなもんじゃないよ。もっとひどいことをされたんだ。このくらいのことでDVなんて言うなよ」という思いがあるからである（この言葉も、DV加害者が共通してよく言う言葉である）。

妻への暴力をしっかり反省させ、非暴力の考えを心に染み込ませるには、まずは心に溜まった怒りや受けた心の傷の痛みをしっかりと意識し、充分に吐き出すことである。

家族崩壊の問題を書いてきた作家の柳美里氏は、ある対談の中で次のように述べている。

「負った傷は、隠しているうちは傷のままである気がするんです。決して癒えないどころか、膿んでひどくなる場合だってあり得る。……癒しがあるとすれば、傷を傷として直視し、さらけ出すということからしか始まらないんじゃないか」

（『群像』講談社、1997年4月号）

また、同じく親からの虐待的な扱いに悩み、長い間自身の精神疾患に苦しんできた医師の小石川真実氏は、その著書の中で、

「自分を傷つけた相手を正しく恨むことによって、初めて虐待の連鎖を断ち切ることができるのだ」

（小石川真実『親という名の暴力』高文研）

と述べている。

彼の怒りやすいところ（彼自身は、短気は生まれつきのもので、親からの遺伝だと思っていた）を克服するには、まずは彼の負っていた傷を傷として直視し、さらけ出し、傷つけられた恨みをしっかりと認識し、手当てしていくことが必要なのである。

しかし彼にとっては、自分の怒りの原因を父親から体罰を受けてきたせいだと認め、その怒りを父親に向けるなどということは、とてつもなく困難なことだったのである。

初め彼は、「父親に怒りを向けるなんて、そんなことはとてもじゃないけど、できない」と言い、たじろぐばかりだった。父親を前にすると、心が折れた感じになり、戦意喪失状態になってしまうというのである。

それに、「自分の妻への怒りを父親のせいにすることなど、とてもできない」とも言うのだ。「これまで妻に激しく怒ったことを、親のせいにすることはできない。いくら親に叩かれてきたとはいえ、悪いのは自分だからだ……」とも言うのである。

そこで私は言った。

「いや親のせいにしていいんですよ。あなたが妻に暴力を振るったり、きついことを言ったりしたのは、あなたも父親にそういうことをされてきたからです。あなたは何度も嫌な思いをしてきたではありませんか。その影響が大きいのです。あなたの妻へのDVは、あなたが親にされて覚えたんです。私が妻にDVをしないのは、たまたま私の親は妻にも子どもにもDVをしない親だったからです。その違いです。大いに親のせいにしましょう。ああいう暴力を振るう親に育てられたから、自分も妻に暴言暴力を振るうようになったんだと思ってもいいんですよ」

こう言うと、多くのDV加害者は涙ぐんだりする。また、そうだったんだーと納得のいく顔をしたりするのである。初めて謎が解けたというような顔をする人もある。

正夫さんは、「自分が短気で怒りっぽいのは、自分の生まれつきの性格からきているもので、親のせいとは思ってもみなかったし、親にきつく怒られたのは、自分がそれだけ悪いことをしたからだと、思ってきた」と言う。また「自分が怒りっぽいのを、親のせいにするのは、男らしくないと思ってました」とも言う。

私も続けた……。

「自分が妻に暴力を振るったり、DVをしてしまったことを、親のせいにしていいんです。親から暴力をされてきたせいだと思ってもいいんです。あなたが生まれ持った性質ではないんです。あなたが育つ中で、暴力を見て、されて、身につけてきたものなんです。

でもそこに留まっていたら、親のせいにするだけで、また親と同じ暴力を振るう人になってしまいます。自分の暴力を親のせいと言い訳するだけの人になってしまいます。大事なことは、親を超えることです、親を乗り越えることです。

どうしたら親を超えられるか、どうしたら暴力を振るわない人になれるか、どうしたら自分の代で暴力を断ち切れるか、それがあなたのこれからの課題ではありませんか。あなたがここで暴力を断ち切らなかったら、あなたも敏子さんと別れることになってしまうし、あなたの一族はこれからもずーっと家族の誰かに暴力を振るい続けることになるのですよ」と。

自分のしたことを「親のせい」にすることは、それを言い訳に責任逃れに使われるのではないかと思われるかもしれない。それは加害者に自分のしたことの責任転嫁を許すことになってしまわないかと思われるかもしれない。しかしそういうことではなく、これは自分が何に影響を受け、何によって振り回されてきたのかをしっかりと認識することであり、その認識をすることがその影響を断ち切る第一歩にもなるのである。だから私はＤＶ加害者に、自分のＤＶ行為を大いに親のせいにしていい、と言うのである。自分がどういうことから影響を受けてＤＶをするようになったかを、しっかり認識しようと言っている。そしてその上で、次にその影響をどう断ち切り、克服し、今後どう柔らかい人間関係を築いていくか、それがあなたのこれからの課題ですよ、とも言っている。

分析心理学者のカール・ユングは、次のように述べている。

「あなたが無意識を意識しない限り、それはあなたの人生を支配する」

加害者は自分のしたこと、相手にどんなダメージや苦痛を与えたか、そのことに鈍感である。痛みを感じていないし、悪いのは相手だとさえ思っている。痛みを感じてない者に、被害者のことを考えろ、被害者の痛みを理解せよと言っても、それはなかなか難しいことである。被害者の痛みを理解する一番の近道は、自分が傷を受けた時の痛みを、しっかりと思い出すことである。

人は自分がダメージを受けた時にこそ、痛みを実感できるし、理解できる。同様に、ＤＶ加害者が自分が相手に与えたダメージや苦しみを理解する一番の近道は、自分が殴られた時、あるいは怒鳴られた時にどんなに嫌で苦痛であったか、それをはっきりと思い出し、暴力的な言動をされて、それにどんなに嫌悪感を抱いていたかをはっきりと思い出すことである。

自分を傷つけた人の影響と責任を明確にすることは、自分が傷つけた人への影響と責任を認識することにつながるからである。

こうして自分が忘れていた心の傷の痛み、意識にのぼっていなかった昔の被害の記憶をしっかりと思い出し、意識化することが、その傷の痛みのために無意識のうちに歪んだ行動をとってしまった自分を変えていくことにもつながるのである。

彼の怒りの元が、親の体罰や暴言にあったということがわかってからは、彼へのカウンセリングでの取り組みは、しばらくは親からされたことをしっかりと振り返り、思い出し、吐き出してもらうことであった。

その中で彼が思い出したことをいくつかを挙げてみると……、

初め彼は「父から怒られたことは、回数が多すぎて、逆によく覚えていない」と言ったが、少しずつ思い出した中のいくつかを挙げると、

「小5の頃、母方のおばあちゃんちに遊びに行った時に、いとこと2階で遊んでいたら、下に音が響いたのか、父が突然2階に上がって来て、『なんでそんなにどんどんしてんだー』と怒ったかと思うと、いきなり拳骨で頭を殴られた」という。その時は「そこまでやんなくていいじゃん」と思ったという。

また高校生の時に、テレビをつけっぱなしでテレビの前で寝入っていたら、いきなり父にビンタされて起こされたという。言葉だけでなく手が出る怒り方はしょっちゅうで、父親が母親を殴る場面も何度

か見たという。

後日彼の母親から話を聞いたところ、母親が言うには「もうやめて！　というくらい父親が彼のことを殴った」ということである（しかし彼の思いとしては、母親は見ているだけで、父親を止めてもくれなかったし、自分をかばってもくれなかったという。それが後年母親への悪態となって出たのだと思われる）。そして父親も「こいつはいくら殴っても歯向かってこないので、それが歯がゆくてまた殴った」と言ったという。

実家の2階のリビングは、よく叱られた場所で、彼は秘かに「拷問部屋」と呼び、今でも入りたくない部屋だという。

言葉による暴力もしょっちゅうで、

「ダメ出しや全否定的な言い方をされたことも多く、『お前は何をやってもダメなんだから、自分をゼロにしなければダメだ、自分の全てを否定するところから始めよ』と言われたり、『おまえなんか、生きていてもしょうがない』、というようなことも言われた」という。

以上のことは、彼が父親に言われたり、されたりしたことのほんの一部である。書き出していったら切りがないくらいだという。そして彼はこんなことも言った。

「自分と同じように父親から結構殴られている友だちが1人いて、その子が言った言葉を今でもよく覚えている」という。その友だちは「あいつ（父親）が死んでも、俺は全然悲しくない！」と言ったというのだ。「そりゃあそうだ、と同感する思いが自分の中にもあるな」と思ったと同時に、友だちが口に出したことで、「そう思ってもいいんだ!」という妙な安心感が湧いたことを覚えているという。

こうして何回かかけて父親にされたことを吐き出してもらった後、ある時、「そういう父親に何をしてもいいとしたら何をしたい?」と聞いたところ、「ぶん殴ってやりたい」というので、「では今ここで殴りましょう」と言って、段ボールを重ねて人型に作ったもの(手作り)を用意した。そして「ではこれを父親と思って気の済むまで殴ってください」と言って向き合わせた。彼は初めちょっとたじろいだふうであったが、やがて段ボールを拳(こぶし)で2発強く殴った。部屋全体に響くような、強烈な一撃一撃だった。

こうしてカウンセリングの場で怒りを口に出したり、怒りを体で表現していくことは、その人の体の中に溜まった毒を外に出すことと同じことだと私は思っている。そうして心や体がすっきりしていくのである。

こうした心の中に溜まった毒の吐き出しのワークをせずに、加害者に対して「教育的プログラム」をしていっても、頭では理解しても、心の中にはなかなか入っていかない。心の問題に蓋をしたまま、正論を口酸っぱく教え込んでいくようなもので、本音を取り上げないままに道徳論を押しつけることと同じようなことになってしまうのである。

正夫さんの例は、決してごくまれな特殊なものではない。DV加害者によく見られる数多い例のうちの一つである。DV加害者とは、ほとんどが「何らかの形で心に傷を負った子どもの成長した姿」なのである。そこに暴力の連鎖がある。

その連鎖を何としてもくい止めなければならない。

父親への反抗

DV加害者の正夫さんは、妻への激しい怒りの根っこに、父親から受けた激しい体罰への怒りや恨みがある、ということがわかってから、怒りの矛先が少しずつ変わっていった。

私も彼に、「あなたの怒りやすさの根っこには、父親に殴られたことへの怒りがある。その怒りをあなたを殴った父親に向けるならわかるけれど、妻に向けるのは全くのお門違いではないか」とか、「怒りは本来向けるべき人に向けないと、パートナーや子どもなど、向けてはならない人に向けてしまうことになってしまうんですよ。だから、これからは、お父さんに言いたいことをちゃんと言えるようにしていきましょう」ということを言ってきた。

そこで、初めは父親に対して思ったことをきちんと言う練習を、私のカウンセリングルームで行うことにした。

カウンセリングの技法に、「エンプティ・チェア」というものがある。目の前の椅子に置いたクッションを父親に見立てて、そのクッションに向けていろいろと言ってみるのである。しかし、正夫さんはそのクッションに対してすら、初めのうちはなかなか言えなかった。それでも少しずつ声に出して言えるようになっていった。

「そんな怒鳴らないでいいよ。もっと冷静に話してよ」とか、「殴らないで、口で説明してくれればいいよ」とか、ただそれだけのことを言う練習をまずしてみたのである（それを練習していくことによって彼は、同じことを妻の敏子さんも自分に言いたいだろうな、ということがわかっていった）。

そして私のところへ来てからしばらくして、ついに彼は父親に対して、思いを爆発させたのだった。父親と一緒に仕事をしていた時に、父親の言葉に対してついカッとなって、「おめえ、ぶっ殺すぞ！」と言ったというのである。その言葉を父親が聞いてビクッとなり、父親は「そんなこと言うなよー」と悲しそうな顔をして言ったという。その時彼は、「もうちょっと別な言い方もあったかな」と少し反省したという。しかしそれ以上に、父親に言えたことに驚いたという。また自分の言葉に父親が怒ってこなかったことにも、驚いたという。

次の日にもまた父親と口論になって、また「おめえ、ぶっ殺すぞ、なめんじゃねえぞ、おい！」と言ったら、父親が話しながら、涙を流したという。それを見て彼は、「そんなことで泣くかなあー。俺はお前から、もっとすごいことを言われてきたんだ！」と思ったというのである。そして何か、父親に対する怖いという感覚が、体から抜けていくのがわかったという。

このできごと以来、彼は大きく変わっていった。父親を恐れなくなったのである。恐れないだけではなく、父親に対してかなり激しい言葉や怒りを向けるようになったのである。

私にはこの正夫さんの父親に対して思わず出た「おめえ、ぶっ殺すぞ！」という言葉は、いわば彼の精神的な独立宣言のように思えた。心理学の中に、「思春期における精神的親殺し」という言葉があるが、まさに正夫さんにとっては、遅まきの「精神的親殺し」の言葉であったように思う。以後、力関係が逆転したかのように、父親に対して正夫さんの反抗的な言動が出るようになったのである。

と同時に、それはまさにこれまで妻に対してだけ言ってきた言葉でもあったので、父親に言えるようになってからは、妻には言わなくなっていった。いわば父親にじかに言えるので、妻に言う必要がなくなったのである。

正夫さんのように、直接親に怒りをぶつけたり、思ったことを素直に言ったりすることは、できるだけ行った方がいいが、それができない場合もある。親と離れていたり、死別していたり、親の顔を二度と見たくないといった場合もある。そうした場合は、カウンセリングの中でやるのである。前に紹介した、「エンプティ・チェア」を使うと効果的である。

加害男性の両親の来訪

正夫さんの父親への反抗的な態度が盛んに出るようになってから、父親が私に会いたいと連絡してきたので、会うことにした。

正夫さんの両親が私のカウンセリングルームに来訪し、そして父親が私に言った主なことは、

---

① 息子の正夫さんが松林カウンセリングルームでカウンセリングを受けるようになってから、急に反抗的になり、自分（父親）に対して乱暴な言動をするようになったこと。

② 息子の妻への暴力は、私の体罰が原因だというが、本当にそうか。息子は精神の病気にかかっているのではないか。精神科を受診させた方がいいのではないか？

③ あなたが息子に、「妻に手を出すのはよくないが、父親に手を出すのはいい」と言ったというのは、本当か？

④ 私は確かに息子を激しく叩いたことがあるが、それは必ず理由あってのことで、理由なく叩いたことはない。

というようなものであった。

私は、これらの質問には、丁寧に答えていくことにした。

妻に暴力的な言動をすることをＤＶというが、ＤＶ加害者がなぜ妻（や夫）に暴力を振るうかというと、生い立ちの中でそういう暴力を親から振るわれてきたり、あるいは両親間で暴力があってそれを見てき

たりして覚えることが多いということ。正夫さんも父親から体罰をされることで、身近な人に暴力を振るうことを覚えたということ。つまり父親から彼への暴力が、そのまま彼から妻への暴力という図式になっているということ。また④の必ず理由があって叩いたというが、その考え方がまさにDVにつながる考え方で、相手に対して理由があれば暴力を振るってもいい、ということを覚えていくのだということを説明した。

また、③の彼に「妻に手を出すのはよくないが、父親に出すのはいい」と言ったのかということに対しては、彼の怒りの根っこには、父親からの激しい体罰への怒りがあるので、怒りを父親に向けるのはわかるが、妻に向けるのはお門違いではないか、ということは言いました、と答えた。

父親は、「自分たちが子どもの頃は、親が子どもに手を上げる、おとなが子どもを叩くなんてことは当たり前のことで、問題となったことはない」と言ったので、私はそれこそがDVにつながる考え方だと説明した。

「子どもがよくないことをしたら言葉でちゃんと説明して、納得させればいいことで、叩く必要などないんです。親は子どもを叩いてもいいと考えるから、叩かれて育った子どもは大きくなって、妻（夫）や子どもを叩いてもいい、と考えるようになっていくんです。彼は父親にされたことを、自分の妻にしたんです。彼は妻を叩くことを、父親から学んだんです」と。

父親が「こんな私は死んだ方がいいんでしょうか?」と言うので（こういう言い方は、DV加害者やその親が暴力はよくないことだと指摘されると、よく出てくる言葉である）、「そういう気持ちがあるならば、死ぬ気になって息子さんの反抗をしっかりと受け止めてやってください。親にしっかり受け止めてもらえれば、やがて彼も気が済んで落ち着き、乱暴な言動もなくなっていくでしょうから……」と答えた。

両親が私の所へ来てからしばらくの後、正夫さんの妻から電話があり、正夫さんの父親がこの頃息子の言葉や態度に悩んで気持ちが塞ぎ、ややうつ的になっているということを知らせてきた。うつ的になるのは、暴力的だった人が暴力をやめていく過程でよく見られることで、これで父親も変わるだろう、いいことだと私は判断した。変わらなければならないのは、正夫さんだけではないのである。

第2ステージへ

以上のような経過を経る中で、正夫さんの妻への暴言暴力はかなり減っていった。そして、カウンセリングも次の段階へと進んでいった。いろいろな暴力の種類について認識してもらったり、怒りを感じた時のタイムアウト法を学んだり、柔らかい会話の仕方を学んだり、楽しさのある家庭のあり方を学んでいくのである。いわば教育的プログラムである。その中で、彼の意識の中に根付いていた「ジェンダー・バイアス（性別に関する偏見）」や暴力観についても、検討していった。

彼は父親に反発を感じつつも、「父親のような頭ごなしの命令的な言い方が格好よく見えるし、それ以外の言い方を思いつかない」と思ってきたというのである。

そこで、怒らない、命令的な言い方をしない、というのは決して弱々しい男らしくないことではなくて、より人間らしいことであり、人の力の見せどころは、強い言葉や強い力で相手を従わせることではなくて、妻や子どもが安心でき、笑顔でいられるようにすること、対等な立場で話ができるようにすることではないか、と説明したりした。

そして、会話の仕方として、相手の言うことをすぐに否定するのではなく、まずは受容的に受け止めていくことや、「Ｙｏｕメッセージ」ではなく「Ｉメッセージ」の言い方（＊）などを、いくつかの事例をもとに学習してもらった。これらの学びにもかなり時間をかけて取り組んでいった。本来なら子ども時代に身につけてほしい会話法であるが、親や周りのおとなが必ずしもいい手本にはなっていないため、ここで学び直してもらったのである。

新しい会話の仕方を覚えることは、いわば外国語を覚えるのと似たところがある。使ったことがない言い回しを使うからである。しかし、学べば身についていくし、相手との関係も柔らかいいいものになるために、気持ちよくもなるのである。

正夫さんは最後、妻の了承を得てカウンセリングを終了した（カウンセリング期間は約3年）。ＤＶ加害者も更生に向けてのカウンセリングを粘り強く受ければ、変われる可能性があるのである。

（＊）：You メッセージとＩメッセージ
You メッセージとは「お前は〜」、「てめえは〜」、「あんたは〜」などと、二人称を主語にした言い方で、相手に対して批判的、攻撃的な感じのする話し方である。Ｉメッセージは「私は〜」、「自分としては〜」などのように一人称を主語にした言い方で、自分の思いを素直に表現したり、「悪いけど〜」、「申し訳ないけど〜」などと依頼調やお願い調にも響き、聞く方も柔らかい印象を受ける話し方である。

第5章 ある女性DV加害者の場合

加害者であって、被害者でもある

女性のDV加害者は、割合としては少ないが確かにいるし、パートナーを苦しめている点は、男性のDV加害者と変わりはない。

加害行為の様態としては、男性の場合とほとんど変わらない。ただ、パートナーにとっては加害者であっても、これまでの人生の経過を見ると、男性の加害者以上に被害者であることが顕著である。育ちの中で被害を受けた心の痛みを、怒りとして形を変え、一番身近な吐き出しやすい人にぶつけてしまっているのだった。話を聴いていくと、そのことが明確になる。しかし、本人もそうした仕組みに気づいていないことがほとんどである。

ある女性（洋子さん＝仮名）は、行動の表れが突然暴れるという典型的なDVであった。その表れに洋子さん自身も、なんとか変わろう治そうと苦慮していて、精神科の治療に通っていた。しかしなかなかよくなっていかないことに悩んでいたところ、知人の紹介で私のカウンセリンググループを知り、DV加害者更生プログラムのカウンセリングを受けに来たのであった。

その女性のDV例

洋子さんのDV行為は、以下のようなものであった。機嫌のよい穏やかな状態が続いていても、ある時ささいなことでも気に入らないことがあると、突然激しく怒りだし、夫を殴り、蹴り、物をぶちまけて家の中をぐちゃぐちゃにしてしまうのだという。夫が彼女の腕をつかんで必死に止めようとするけれども、止まらない。それで夫は立ちすくんで、泣きながら、妻のようすを見ているのだという。

彼女の怒鳴り声や叫び声がすごく、彼が仕事で使うパソコンを床に投げつけて壊したり、彼に目がけて物を投げて当てたり、投げたグラスで彼が足を切ってしまったり……。夫が「もうやめてくれ！　やめてくれ！」と必死で止めようとするが、やめられない、と言うのだった。

こういったことが、1～3ヵ月に1回はあるという。自分でも、いつ怒りだすのか、いつ怒りがこみ上げてくるのか、全くわからないという。

そういうことがやめられないのに、夫は彼女を見捨てないで、「これは病気なのだから、病院へ行って治そうよ、それかカウンセリングを受けてよ」と言って、慰め励ましてくれるのだという。

彼女はそう言ってくれる彼のためにも、自分のためにも、怒りを爆発させたり、大暴れしてしまう自分をなんとしても治したいと言う。そして、できたら子どもを作って、ちゃんと育てていける人になりたいとも言うのだった。そして彼が彼女に見切りをつけてしまわないうちに、早く治したいと言う。

1～3ヵ月に1度、大暴れする彼女。彼女の怒りがどこから生じるのか、怒りの根源を探ってみると、彼女の生い立ちやこれまでの人生にいろいろと問題があることがわかってきた。かなり壮絶なものがあった。

以下は彼女が語ったことである。

「高校生の時から、過食嘔吐が始まった。生活も乱れ、夜遊びもするようになり、帰宅も遅かった。親にもよく叱られた。父親に叩かれ、母親にもよく叩かれた。1度は父親に叩かれて鼻血が止まらず、血だらけになったこともあった。『なんでそんなに怒るんだ、なんでそんなに殴るんだ』と、反発したこともあった。

ある日、高校への通学途中で、動物病院の前の箱の中に捨て猫が置かれているのを見つけた。目が合い、自分と似た境遇だと思えたので、拾ってきて飼った。自分が飼ってやらなければ、と思った。

とてもかわいい猫だった。一緒によく遊んだし、一緒に寝たりもした。外で遊んでいても、呼べばすぐに帰ってきた。蝉とかとかげとかを、よくおみやげに持ってきて、驚かせる猫だった。

でもその猫を、ある時から壁に投げつけるなどして、虐待するようになってしまった。そうしなければ、自分の気持ちが治まらなかった。ある時、このままではこの猫を殺してしまうと思い、窓から放り投げたら、そのまま帰って来なくなった。寂しく悲しくもあったが、これで殺さずに済むと自分に言い聞かせた。

17歳の時に、自分の家があまりにも居心地が悪く嫌だったので、薬を大量に飲んで自殺しようとした。病院へ運ばれて入院した。看護師さんが母親に、『この子は心に何か悩みがあるようだから、精神科を受診してみたらどうか』と言っていたが、母親は『世間体があるから、そんなところには行かせられない』と言い返した。『ああ、母は私の命や心よりも、世間体の方を重視するんだ』と思った。

なんでこんなにも自分の家が嫌なのかというと、同居の祖母が、家の跡取りでもある兄ばかりをかわいがり、それが露骨だった。祖母は兄の弁当は作ったが、私の弁当は作らなかった。祖母は、母が作った兄の弁当を捨てて、自分の作った弁当を持たせたこともあった。

祖母の日記に、兄の方はかわいいが、洋子はかわいくない、と書いてあり、それを見た時はすごいショックで、『ああ、私はいらない子なんだー』と思った。

母親と祖母はとにかく仲が悪く、朝からけんかをしたりして、それもすごく嫌だった。母もそのイライラを私にぶつけてきたのだと思う。私は、父よりも母からよく叩かれた。祖母も、私の顔が母とよく似ているので、それでよけいに私がかわいくなかったのだと思う。

祖母には兄と差別され、父や母からは叩かれ、私は本当に家が嫌だった。

高校を卒業してから飛び出すように家を出て、そして飲食店で働いた。半ばやけっぱちな生き方だったと思う。

20歳の時に、店に来ていた客に酒を飲まされて、ホテルに連れ込まれ、レイプされた。抵抗できなかった。殺されるんじゃないかと思い、体も震え、声も出ない状態だった。人ってこんなにも震えるものなんだと思った。男が寝ているすきに逃げ、ホテルの人に助けてもらった。警察に訴えた。男は逮捕されたが、常習犯だったという。刑務所に入ったが、たった3年の刑だった。私はこんな男は死刑になるか、2度と出てこないようにしてほしいと思った。

それからの生活は荒れに荒れた。性行動も乱れて、いろんな男と寝た。どんどん深みにはまっていくようだった。その頃は、辛くておかしかった。傷の痛みを、さらなる痛みで忘れようとしている感じだった。

その後、ある男と同棲し、お腹に子どももできたが、その男にはかなりの借金があったために、結婚はできないなと思い、中絶し、別れた。

そして今の夫と知り合った。本当に優しい人だった。でも男の人を見ると、みんなレイプした男と同じように見えてしまって、夫と一緒にいてもイライラが出てきてしまい、『お前も男、あのレイプした男と一緒だろう！』と思ってしまって、暴れてしまう時がある。

でも夫は本当は、あの男とは全然違う。怒鳴ってしまう自分、暴れてしまう自分をなんとしても治したいと思う。夫もカウンセリングを受けてくれと言うし……。夫のためにも、自分のためにも、何としてもこんな自分を治したい」

この女性は、こうした体験の持ち主だったのである。1～3ヵ月に1度の割合で大暴れし、夫に怒りをぶちまけるという点では加害者であるが、これまでの生い立ちを考えれば、彼女もまた、深く深く傷ついた被害者なのであった。その傷の痛みが、暴力となって爆発したのだと思う。

この女性のような例は、決して特別で特殊な例ではない。女性のDV加害者の場合、形はさまざまであるが、深刻な被害体験を持つことがほとんどなのである。

その女性への対応

女性の加害者への対応には、男性観や暴力容認意識をただす教育的プログラムよりも、まずは心の傷を癒し、エンパワーすることが必要であると考えた。

だからこの女性の場合にも、DV的な行動の元である心の傷を癒すために有効なものは、一つには、心の中に溜め込んできたものを徹底的に言葉に出して吐き出してもらうことであり、そしてもう一つは、心の傷となったものと正面から向き合い、対決し、心に突き刺さった棘のようなものを抜き出すことであると考えた。

洋子さんからは、まず初めにじっくりと話を聴いた。その大まかなものが、上述したような内容である。次に彼女の心の傷となっているものと向き合うカウンセリングとして、「エンプティ・チェアの技法」（ゲシュタルト療法）を行っていった。これは相談者の前の椅子にクッションを置き、それを自分を傷つけた相手に見立てて、その人に言いたかったことやその人への怒りを思い切り吐き出すやり方である。

彼女がそのやり方で相手と向き合い、思いを思い切り吐き出したのは、次のようなことについてである。

---

① 拾ってきた猫をかわいがっていたのに、虐待をしてしまった。そのことへの後悔や謝罪の気持ち
② 自分と兄を露骨に差別してきた祖母への反発と怒り
③ 自分を強姦した男性への憎しみと激しい怒り
④ 自分の気持ちを理解せず、叱ったり叩いたりしてきた両親への恨み
⑤ 祖母と母との嫁姑の確執や争いへの哀しみと怒り

以上のことを、相手を椅子の上のクッションに見立て、相手に対しての思いや怒りを思い切り吐き出していったのである。

まず初めにしたことは、彼女の心に棘のように刺さっていた、彼女が虐待してしまった猫と向き合うことにした。

その猫「チーコ」（仮名）は、かわいがっていたのに、彼女が自分の苦しさのあまり壁に投げつけるなどして虐待し、窓から放り投げてしまったのであった。そのことが大きな後悔として、ずっと長く彼女の心を締め付けていたということだった。

そうした大きな後悔と悲しみが、怒りに転じて人に向かうということもあるので、この猫ときちんと「お別れ」をするためのカウンセリングを行った。

怒りの克服ワーク①「虐待し、捨てた猫と向き合う」

まずは彼女に目を閉じてもらい、猫のチーコを思い出し、頭に浮かべてもらった。そして目の前の椅子にクッションを置き、それを猫のチーコに見立てて、猫についての思い出を充分語ってもらった後、最後のつもりで、猫に言いたかったことを言ってもらった。

そして猫に言ったら、次には猫に見立てたクッションのところに座って、彼女に猫になってもらい、猫としての思いを彼女の口から彼女に向けて語ってもらったのである（ゲシュタルト療法の「エンプティ・チェア法」）。

この場で彼女と猫のチーコはこんなやり取りをした。

洋子（この猫についての思い出を一通り話した後に、猫に見立てたクッションに向かって）「チーコ、すごい好きだったんだけど、あんなふうにしてしまってごめんね。あの時のことを思い出すと、すごい苦しいです。生きていたら遊びたかったんだ。交通事故で亡くなったと思うことにして、あきらめました。本当にごめんなさい。痛かったでしょう、苦しかったでしょう。本当にごめんなさい」

チーコ「あの時は、すごい怖かったよ。早く逃げたかった。洋ちゃんも過食とか嘔吐とかしていて、そばにいてあげたかったよ。でもどうすることもできなかった。あの時は、すごい怖かった。でも洋ちゃんも苦しかったんだよね。そばにずっと寄り添っていたかった。過食嘔吐していた時はそばにいたかった。投げられた時は本当にびっくりした。本当は、そばにいたかったんだよ」

洋子「本当にすいません。あの時投げちゃって、チーコ、本当にごめんなさい」

チーコ「もうわかったから大丈夫。これからは忘れて、楽しかった思い出だけを見ていって。大丈夫だから、許してあげるよ」

洋子「ありがとう。思い出すたびに、許してもらいたかった。ありがとう」

そう言って、しばらく猫に見立てたクッションを抱きしめ続け、猫と最後の別れをしたのであった。

これが終わった後、彼女はすっきりした表情をしていた。

次のカウンセリングの時に、この時の感想を聞いたところ、彼女は「カウンセリングを受けてみて、不思議な感じだった。猫のチーコが目の前にいる感じだった。猫の虐待のこととかは、友達にも話したことがなかったので、話せてほっとした」と言うのだった。こうして猫との別れの儀式を行うことができたのである。

怒りの克服ワーク②「祖母と向き合う」

猫との「別れの儀式」をした後、これで気持ちが落ち着いたかなと思ったが、過食嘔吐はまだしてしまうようで、なかなかやめられないということだった。それで、この過食嘔吐がどこからくるのか探ってみることにした。

無性に食べたくなってしまう時があるという。無心にひたすら食べてしまうという。そして吐くのである。吐くとすっきりするというのだ。

そこでその思いを元に、その思いの奥にあるものを探っていくと、さらに「なんでこうなっちゃうんだろう、誰か助けてよう！。止まらないよう！」という思いがあることがわかった。そこで、自分の生い立ちを振り返ってみて、同じような思いを持ったことはなかったかと聞くと、

「おばあちゃんは、お兄ちゃんばっかりかわいがる。なんでお兄ちゃんばっかり？　私はいらないのかなあ！」

という思いがあって、その怒りが心の中に渦巻いていることがわかった。

そこでカウンセリング的に、兄ばかりひいきにしてきた祖母と向き合い、対決してみることにした。これには猫の時と同じく、ゲシュタルト療法の「エンプティ・チェア」という方法が有効である。

向かいの椅子にクッションを置いて、それを祖母に見立てて、向き合った。

まず初めに、祖母を頭の中にイメージしてもらい、その祖母に向かって、言いたかったことを言い、次に祖母として答えてもらう。

洋子「なんでお兄ちゃんばっかりかわいがったの。私はかわいくなかったの。

私はすごい寂しかったたし、悲しかったんだけど……。

おばあちゃんはどうだったの。私はすごい辛かったんだよー。」

祖母「そんなことなんて思ってもなかったと思う。そんなふうにしているつもりはなかったけど、そんな思いを洋子がしているとは、思わなかった。当たり前に接していると思ってた」

洋子「本当に寂しかったし、もうちょっと平等に接してくれたら、また違う私がいたと思います」

祖母「平等に接していたつもりなんだけど……」

洋子「それは絶対にない。おばあちゃんは、いつもお兄ちゃんばかりかわいがった。『洋子はかわいくない』とノートにも書いてあったし……。それを見て、すごいショックだったし……。なんで私のことはかわいくないんだろうって、すごい悲しかった。一緒にかわいがってほしかった。早く家から出たかった」

祖母「そんなつもりはなかったけど、やっぱりお兄ちゃんがかわいかったということは、あったかもしれない。お兄ちゃんは男の子だし、後継ぎだからかわいくてしかたなかった。洋子は母親似でかわいくないところがあった。だからお兄ちゃんの方をかわいがっちゃったかもしれない。そんなふうに思わせちゃって本当に、ごめんね。本当に、すいません」

洋子「もういいよー。だけど辛かったし、もっと私のことをよく見てほしかったです。昔の思い出はなかなか消えなくて、今でも苦しいんだよ。何とかして、このもやもやを取り消したいけど、わかってほしいです」

このようにして、祖母への恨みを口に出していったのである。

「思い」というのは目には見えないが、確かにあるのである。こうして心の中に秘めていた「思い」を吐き出せば、少しずつ心はすっきりしていくのである。一般的には、こうした親族や近くにいた人への恨みや憎しみなどのマイナスの感情は、「もう昔のことだから忘れなさい。いつまでも持っていると、あなたが苦しいばっかりだよ。早く忘れた方がいいよ」などと言われたりすることが多いだろうと思う。

しかしいったん心の中に溜まったマイナスの感情は、忘れようとして簡単に忘れられるものではなく、何らかの形で清算しない限り、その人の心の中に留まり、くすぶり、その人をいつまでも苦しませることになるのである。その苦しみが、怒りとして、誰かに噴き出したりもするのである。

洋子さんの祖母へのこの恨みは、これまで誰にも語られることもなく、ずっと彼女の心の中に秘められたまま、くすぶり続けてきた。それを今回こうした形で吐き出し、表に出すことで、清算に向けて動きだしたのである。

しかし、こうしたことは1回やったからといって、劇的な効果があるとは限らない。即効的な効果がある場合もあるが、多くの場合は、何度も何度もやることで、徐々に心が洗われていくのである。洋子さんにとっても、この祖母との対決は、この後も何度もしていくことになるのである。

怒りの克服ワーク③「怒りはどこから?」

洋子さんに、最近夫に対して激しく怒りを爆発させた時のことを思い出してもらった。それは彼女の誕生日のことだった。夫と一緒にレストランに行き、ディナーを取っていた。夫がバースデーケーキを頼んでおいてくれた。

しかし、ケーキに置かれていたプレートの名前が彼女の名前ではなく、別の女性の名前だった。それは店が間違えたもので、すぐに取り換えてくれた。しかし、彼女はすごくイラッとしてしまい、怒りがこみ上げてきてたまらなかった。

「なんで間違えるんだよー。こんな大事な時に。ふざけんなよー」と。

胸の上の方がカーッと熱くなって、なんでこんなことするんだよーっという気持ちを吐き出し、お皿をひっくり返したいくらいの気持ちだった。

しかし、ここはお店だからできない、周りに迷惑をかけてしまうと、かろうじて我慢した。一刻も早くここを出て暴れたい、一刻も早く家に帰りたいと思った。

そして、家に帰った彼女は、文字通り激しく夫に怒りをぶつけたという。夫が悪いのではないとわかっていながら、暴れる自分を止められなかったという……。

その時に心にあった感情は、不安や怒りや苦しみ、悲しみなどが入り混じり、胸が一杯になってこみ上げてきたという。

そしてそうした感情は、小学生の頃からずっと持ち続けてきたもののように思うという。その感情がどこから来るのかをたどっていった。

小学生の時に、おばあちゃんのノートに、「洋子はかわいくない」と書いてあった。それを見てすごいショックを受けた。それからは祖母の財布からお金を盗んでは使いまくった。

高校生の時も、お兄ちゃんばかりかわいがられて、自分はおばあちゃんに受け入れられていないとわかった時には、怒りに震えた。

「私のことが、そんなにかわいくないの。じゃあ、生れてこなければよかった。そんなにかわいくないなら、いなくなりたいようー！」

その時彼女は、薬を大量に飲んで、死のうと思った。しかし、死ねなかったという。

そこで今回は、心に溜め込んだ祖母への恨みを吐き出してもらうために、段ボール紙を重ねた人型を前に置き、祖母に見立てた。そして恨みを吐き出しながら、バットで激しく叩いたのである。

「おばあちゃんは、なんでお兄ちゃんばっかり……、お母さんもいじめて……。なんでお兄ちゃんにばかり小遣いあげて、私にはくれなかったのー。本当に苦しかったし、寂しかったから、もっと優しくしてほしかったです。お兄ちゃんばっかりかわいがられて、私は一人で寂しかったです、すごく……」

と言いながら、人型の段ボールを叩き続けた。

そして、気持ちが鎮まった後、「おばあちゃんには、いつか直接言おうと思います」と言った。

怒りの克服ワーク④「レイプ加害者と対決」

次に20歳の時に自分をレイプした男にも、文句を言いたい、やっつけたい、という強い思いがあったので、その思いを吐き出してもらった。

目の前の椅子に置いたクッションをその男に見立てて、彼女は話し始めた。

「その男は、目は細くてキツネ目で、背は中くらいで、髪の毛はウエーブがかかっていて、全体的にいばっている感じだった。

女なんて金で何とかなると思っているような人だった。

ホテルに引きずり込まれた。体が震えてしまって、声も出ない状況だった。人ってこんなに震えるんだー、と思った。

びっくりして、パニックになって、もう早くやることはやってくれみたいな感じになっちゃって……、もう逃げられないなー、逃げたら殺されるかもしれない、怖くて、嫌だーと心は叫んでいるのに、体がうまく動かなくて、震えちゃって……」

「なんであんなことをしたんだよー。あれがあってから、電車に乗ることも、シャワーを浴びるのも怖くて、今でもそれを引きずってるんだから……。

ふざけんなよ、本当にずっと引きずってんだからー。

もう刑務所から出てこないでほしい。出たり入ったりしているようだけど、ふざけんなよー、本当にどんなに苦しいかわかるかー、そういうことをされて。ひどいよー」

「私もそれからなにが本当か、本当でないか、わからなくて、おかしくなっちゃって、ぶれちゃって、お客さんと寝ちゃったり、生活が荒れていた。

性行動も乱れて、いろんな男と寝たり、お金をもらってとか、深みにはまっていくような、その時は辛くて、おかしかった。傷の痛みを、さらなる傷で忘れさせていくような感じだった。

この男は、事が終わってから、ガーガー寝ちゃって……。私はびっくりしちゃって、震えちゃって……。

やっとの思いでフロントの人に言ったら、警察に連絡してくれて、ホテルからも出してくれた。

フロントの人は、裁判でも証言してくれた」

このあと彼女は、その男に見立てたクッションを何度も何度も何度も叩き続けた。

そして次に、席を変わり、今度は苦しみを吐き出した新しい自分から、苦しみを抱えてきた古い自分（に見立てたクッション）に話しかけた。

「もう大丈夫だよ。今度は夫と幸せになって、楽しいことをいろいろとしようね。大丈夫だよ。この先きっといろいろ乗り越えられるよ」

そして、苦しみをずっと抱えて苦しんできた古い自分（に見立てたクッション）を抱きしめながら、

「よく頑張ったね。もう大丈夫だよ。大丈夫だよ」

と何度もつぶやくように言い、しばらくクッションを抱き続けた。

この後、このレイプされた出来事について改めて話し合ってみた。レイプされた時から、なんでも破れかぶれに（破局的に）考えるようになってしまったという。レイプされたから、もう彼氏を作れないと絶望したり、男の人を見ると、みんなレイプした男と同じように見えてしまったり……。

夫と一緒にいると、夫はいい人であの男とは全然違うとわかっているのに、イライラが出ちゃって、〝こいつも男、レイプした奴と同じだろう〟と思えてしまう時があって……。だから夫に対しても暴れてしまったという。その男への怒りを、夫に向けてしまっていたと思うという。

そのことに気づいた今は、夫のためにも、自分のためにも、暴れたくなってしまう自分を是が非でも治したいという。

しかしレイプしたこの男性への怒りは、この1回だけでは治まらなかった。1回のワークでは消えなかったのである。

次の回のカウンセリングでも、その怒りは出てきた。怒りが出た時は、克服のチャンスでもある。ま

た「エンプティ・チェア」のやり方でクッションをその男に見立て、怒りを吐き出してもらった。

「……この男は、絶対に許せない。近づかないでほしい。

初めて男の人の力って、こんなにすごいんだって思った。こっちはなんにもできない。力の差をまざまざと見せつけられた」

思い出すと、胸がむかむかしてきて、気持ち悪くなってしまうという。

目を閉じて、胸の苦しさを感じていると、胸の中の上部に、ドロッとしたどす黒い固まりのようなものがあるような気がするという。

そこで私は、彼女に少しかがんでもらい、その黒いドロッとした固まりを口から出すように言った。彼女には、「出ろ、出ろ、出ろ！」と心の中で何度も唱えてもらい、私は彼女に「吐き出せ、吐き出せ」と言いながら、背中を手の平でそっと叩き続けた。

叩き続けてから6～7分経った頃だろうか、口からそのドロッとした黒い固まりのようなものが出たような気がすると言う（それは私の目には見えないが、外に出た感じがすると言うのだ。こういうことはこの女性に限らず、しばしばあることである）。

そしてそのあと洋子さんは、「なんか、周りの景色がとてもきれいだ。不思議な感じだ」と言った。「なんか過食嘔吐した時と同じようなすっきりした気分だ」と言うのである。

こうして彼女は性被害の苦しい体験を、言葉で出し、その男性と対決することで乗り越えていくことができたのである。

■怒りの克服ワーク⑤「祖母との対決」■

洋子さんがカウンセリングを受け始めてから、2ヵ月くらい経った頃のことである。その頃は何もする気が起こらなかった。休みの日はずーっと部屋の中で寝ていたい感じだった。それでいて過食嘔吐は続いていて、無性に食べたくなる時があるという。

例えば、一度に2～3千円分の菓子類や弁当を買って食べて、2～30分かけて吐き出すのだという。大量に食べると妊婦のようにお腹が膨らんで、「苦しい、苦しい、もう食べられない」と思うが、吐くとすごくすっきりして気持ちがいいのだという。苦しいくらい食べて、吐いて、スッキリする。その繰り返し……。

「吐いた時に気分がスッキリする。それでやめられないような気がする」と言う。

そこで洋子さんに私から、「あなたが一番吐き出したいものは何ですか?」と聞いたところ、彼女が言ったことは、前と同じだった。

「子どもの頃、おばあちゃんから、お兄ちゃんはかわいがってもらったのに、私はかわいがってもらえなかった。さみしい気持ちが強い。その時の寂しい気持ちは、今でも忘れられない。

そのことが苦し過ぎて、17歳の時に自殺未遂をした。看護師は、この子は悩みを持っているようだから、精神科を受診させた方がいい、と言ったが、母は世間体を気にして受けさせてくれなかった。そういうことも大きい」と……。

再びカウンセリングの場で、「エンプティ・チェア（空の椅子）」を使い、クッションを祖母に見立てて、兄ばかりをかわいがった祖母と向き合い対決した。前述したようなこと（怒りのワーク②）とほぼ同じようなことを、またここでも繰り返したのである。

こうしたワークをすることで、改めて自分の苦しみの一番の原因は、祖母による兄との差別的な態度にあることに気づいたという。そこで、このことについて祖母が死ぬ前にちゃんと話さなければ、と思ったという。それでないと心がスッキリしないと言う。

そしてそれから1ヵ月後、ついに祖母と向き合い、きちんと思いを言うことができたのである。

実家に帰省し、祖母と二人きりになった時に、「ここだー」と思って、「今ここで言わないと、一生言わないで終わってしまう」と判断して、ついに直接思いをぶつけたのである。

洋子「おばあちゃん、ちょっと話があるんだけれど……。
私が子どもの頃、おばあちゃんはお兄ちゃんばっかりかわいがっていたよね。それで私は傷ついた。
今でもそれを引きずっているんだよ」

祖母「そんなつもりはないよ。

　でも高校生の頃、洋子のお弁当を作らなくてすまなかった。お兄ちゃんとは、小さい頃から一緒に寝てたので、情が入っていた。

　洋子はずっと父親や母親と一緒に寝てたので、距離があった」

洋子「お弁当も、お兄ちゃんのは作っても、私のは作ってくれなかったね。

　それに、おばあちゃんの日記に、『洋子はかわいくない』と書いてあったのを見たよ。とてもショックだったよ」


と言ったら、祖母はそれを認め、泣いて謝ってくれたという。

これだけのことなのに、洋子さんは、どっと疲れ、すぐに寝たという。しかし言いたかったことがやっと言えた達成感からか、ぐっすり眠れたという。


　こうして洋子さんは、祖母に対してはカウンセリングルームで思いを吐き出すことに留まらず、意を決して直接祖母に思いを言うことができた。それによって彼女は大きく変わっていった。過食嘔吐も、全くなくなったとはいえないまでも、回数はずいぶんと減った。以前は毎日のようにしていたが、ここのところ週1回くらいに大きく減ったという。今後はもっと減っていくだろう。パソコン教室と英会話教室も、以前はかなり億劫だったが、今は普通に行けるようになったという。

このあと洋子さんには、柔らかい人間関係作りや前向きに生きるための教育プログラムをいくつか学んでもらった。

今彼女には、DV的なものは全く出ていない（カウンセリング期間は5ヵ月）。

以上見てきたように、女性のDV加害者の場合、父親や母親や家族から圧迫（暴言暴力）を受けたり、性被害などの苦しい体験をしていたりして、その苦しみや心の痛みを、怒りとして、一番身近な夫や恋人や子どもに出してしまっているという人がほとんどである。だからこそ、その傷を癒し、回復させないと、いくら「あなたのやっていることは暴力ですよ、男性差別ですよ」と言っても、なかなか解決にはならないのである。

まずは傷ついた体験、被害体験を徹底的に話すこと、吐き出すことである。傾聴や「エンプティ・チェア」（ゲシュタルト療法）の方法も、そのためにあるといってもいいだろう。

私がカウンセリングをしていく上で、大事にしている言葉がある。


「がまんした感情を吐き出すことで、道は開ける」（長谷川泰三『命のカウンセリング』あさ出版）

話をよく聴くことや「エンプティ・チェア」の技法は、このことを実現するためである。

第6章 DVにつながる心の傷（トラウマ）

DVにつながる心の傷

ＤＶ加害者に向き合っていくと、その多くに共通していることがあることに気づく。それはＤＶ加害者は激しい怒りを人にぶつけたりするが、その怒りの元をたどっていくと、ほとんどの加害者が、その人の生い立ちの中でＤＶ的なもの（体罰や言葉の暴力や強い束縛や支配など）を頻繁に受けて身に染み込ませてきた時期があり、それでものごとを暴力で解決することを学び、自分が暴力を受けることでついた心の傷への怒りを、他の人に暴力を振るったり支配したりすることで吐き出しているようなところがあるということである。

妻（夫）や子どもへの暴言暴力も、いつの間にか身につけていった考え方からきたものではない、親

や身近なおとなから文字通り叩き込まれ、教えられ、身に染み込まされてきたものなのである。単に社会に暴力を容認したり、女性を見下すような風潮があるから自然に身につけていった、というようなものではない。育ちの中で受けてきた暴力や支配による心の傷こそ、怒りの源であり、怒りの原動力であるように思う。「人に傷つけられた人が、人を傷つけていく」のである。つまり次のような構造があると考えられる（上図参照）。

よくＤＶ行動の原因として、「暴力容認の意識」や「ジェンダー・バイアス」、あるいは「力による支配」などの３つの要素が挙げられる。確かにこれらの３つの要素は、加害者が怒りを爆発させる時の強力な理由づけとするものである。しかし、それがＤＶの背景や原因かというと、実はそれはＤＶを振るう時の理由づけではあっても、ＤＶの一番の原因ではないように思う。

「暴力容認意識」や「ジェンダー・バイアス」、それから「力による支配」は、確かにDVに結びつく考え方のもとになるものだ。そしてそれは社会の中に広く蔓延しているものでもある。しかし、それがDV行動の一番の原因かというと、それは疑問である。なぜかというと、DV行動をする男性は、おおよそ3割だからである。7割近い男性は、そういう社会風潮の中にあっても、DVはしていない。

ではなぜ3割の人がDVをするのか。それはその3割の人たちは、育ちの中で作られてきた心の傷（トラウマ）を持つ人たちである。その心の傷の痛みやうずきが怒りとなって出るのである。その怒りが心の中にある時には、「暴力容認意識」や「ジェンダー・バイアス（女はこうしたもの、男はこうしたものという固定観念）」や「力による支配の考え方」が、強力な鎧となるし、強力な武器となるのである。

否定的なことを言われ続け、罵倒され、殴られ、自分の価値が感じられなくなってしまった時に、女性（男性）を見下すと、女性（男性）に命令すると、自分が少しはましに見えるのである、自分にも人としての価値が少しはあるように思えるのである。「ジェンダー・バイアス」は、こうした背景からも生まれるのだと思う。

だから「暴力容認意識」や「ジェンダー・バイアス」などの考え方や意識を変えることだけで、DV行動を克服させようと思っても、なかなかうまくはいかない。なぜかというと、育ちの中で身についた心の傷への痛みや怒りで心の中が一杯の時には、教育プログラムで人としてのあるべき姿を学んだとしても、頭では理解できてもなかなか心には落ちていかないからである。

そのことをあるDV加害者は次のように言う。

「ここで（教育プログラムで）言っていることはわかります。『その通りだ』ということもよくわかります。でも体に落ちてこないんです」。これである。

つまり、心がこれまで受けてきた傷の痛みでうずいている時に、「～は間違い」「～であるべき」「その考え方を変えなくては……」と言われても、心の中に入っていかないのである。まずは、心の痛みの部分をなんとしても克服すべきなのである。それを先にしないと、せっかくのいい教材、いい考え方やいい見方の教育的なプログラムを提示されても、なかなか心に入っていかないのである。

心が傷つき、それが癒えず、心に棘が刺さっているような状態の時は、それがうずくので、ちょっとしたことで怒りを爆発させやすいのである。だからまずは、心に刺さった棘を抜くことから始めないと、怒りを克服できないのである。

「怒りの感情」に注目し、それをなんとかうまく操作してコントロールしようという考え方や取り組み方もある。しかし、怒りの根が深い場合、その怒りの湧く元を見つけ、それを克服しないと、表に現れた怒りのみをコントロールしようとしても、なかなかうまくはいかないだろうと思う。怒りの湧く根っこにあるものは、そのまま残っているからである。

心の傷のいろいろ

では、どんなことが心の傷になるか、どんな体験がＤＶ（強い怒りの表現）につながるような心の傷＝トラウマになっていくのかを挙げてみよう。

ＤＶ加害者にみる心の傷のいろいろ

① たびたび体罰（暴力）を受けてきた
② 言葉の暴力を受けてきた
③ 強い束縛や支配を受けてきた
④ 子どもの頃に、「いい子」でいることを強いられてきた
⑤ 強いストレスを受けている
⑥ 強い「ジェンダー・バイアス」の中で育つ
⑦ 家族内の暴力を見てきた（面前ＤＶ）
⑧ 親との離別（親との死別や両親の離婚など）
⑨ きょうだい間での大きな差別的な扱い
⑩ 親に甘えを受け止めてもらえなかった
⑪ 性暴力被害や性的虐待を受けた

等々である。

これらのものが単独で影響しているのではなく、いくつかのものが複合して影響している場合がほとんどといってよいだろう。

では、それぞれについてどんな具体的な事例があるかを紹介してみることにする。

①　たびたび体罰（暴力）を受けてきた

ＤＶ加害者の生い立ちを見ていった時に、ＤＶ加害者が生まれる割り合いとして一番多いのは、この「体罰」である。親やその他のおとなからの激しい体罰やしつけが、暴力性を身につける一番のもとになっているのである。

あるＤＶ加害者（20代後半の男性）は、次のように言う。

「母親から怒鳴られたり、殴られたり、蹴られたりしたことは何回もあった。本当に死ぬかと思うくらいよく殴られてきた。布団たたきで体中を叩かれたことも何回もあった。あれは地獄だった（涙）。

真冬の夜に、半袖半ズボンで外に何時間も出されたり、そろばんを入れる袋で首を絞められたり、そろばんで叩かれたこともあった。

母親に抱きしめられたことなど全くなくて、甘えたり、ほめられたりという記憶も全くない。怒られたという記憶しかない。

小さい頃から『俺はなんでこの家に生まれてきたのかなあ』と思った。

母親からも、『あんたなんか産むんじゃなかった』とよく言われた。

『じゃあ、産まなきゃよかったじゃん』と思った。

小さい頃から、いつも母親の顔色をうかがって生活してきた。今も人の顔色をうかがってしまう。

妻が怒ってちくちくと言ってきた時には、どうしても母親とかぶってしまう……」


また別のDV加害者（20代半ばの男性）は、妻をひどく殴って、妻の顔を大きく腫らしてしまったが、その加害男性も親からひどく殴られてきたという。


「小さい頃、何か悪いことをしたら（どんな悪いことをしたかは覚えていない）親から殴られるのは普通のことで、しょっちゅうあった。それはどこの家にでもある普通のことだと思っていた。

殴られ方はかなり激しく、ぼこぼこにされた。バット、竹刀、警棒などで殴られた。

悪いことをしたら、殴られる。だから、悪いことをしたら殴る。それは当たり前のことだと思っていた」

親に叩かれたり、怒鳴られたりするうちに、親が子どもを怒鳴ることは当たり前のこと、親が子どもを叩くのはしつけとして当然のこととして、暴力容認の意識を身につけていく。そして彼らのほとんどが「自分が悪いんだからしょうがない」、「自分が悪いことをしたんだからしょうがない」、「あれは親のしつけだったんだ」と自分に言い聞かせ、納得するように思い込んでいたりする。

しかし、そこが怖い点でもある。「自分が悪いことをしたのだから、殴られてもしょうがない、叩かれてもしょうがない、怒鳴られてもしょうがない」という思い込みは、そのまま「相手が悪いことをしたり、落ち度があったりした時は殴ってもいい、叩いてもいい、怒鳴ってもいい」につながっていくのである。

親に叩かれてきた人は、不思議なほど、そのことをよくないことと思っていないことが多い。自分が悪いことをしたのだからしょうがない、親として当然のしつけをしただけだからしょうがない、と思っている。

でもそれは文字通り、成長して大きくなって、自分が体力的におとなに負けないくらいになった時に、今度は相手がよくないことをすれば、あるいは自分から見て悪いことであれば、殴ってもいいんだ、叩いてもいいんだ、につながっていく。

「暴力行為は、ほとんどが親のコピー」と言われているが、文字通りそう言えるのではないかと思う。

ＤＶ加害者の「暴力容認意識」は、社会に蔓延している暴力肯定の考え方や意識が自然に身について形成されるのではない。自分がしつけや指導ということで暴力を振るわれ、文字通り叩き込まれて身につけてきたのである。そして、自分が悪いことをしたから叩かれたのだ、それによって自分も強くなり、一人前のおとなになれたのだ……、そうやって自分も鍛えられたのだから、自分も家族に対してそうやって厳しく接して当然だし、それが相手のためにもなるのだ、と思い込んでいくのである。

だから叩かれてきた人はほとんど、人を叩くことを悪いことだとは思っていない。むしろ叩かない方が、相手を甘やかすことになるのでよくない、くらいに思っていたりする。また優しく言ってもすぐには言う通りにしない相手には、かなり厳しく言ったり、叩いたりして身に染み込ませて当然だと思っている。

「人は殴られて育つと、殴る人になる」というが、もちろん殴られたことがある人が全員殴る人になるわけではない。しかし、殴る人のほとんどが、殴られたことがある人だろう。

殴ることは、決して人を育てることではなくて、殴る人やＤＶ加害者や犯罪者を作る一番の方法である。家庭は、どの家庭も同じではない。殴る、怒鳴るなどの体罰・暴力が当たり前のようにある家庭と、体罰がない家庭と、２種類あるのである。

暴力がある中で育った人の多くが、暴力を受けたことの怒りを心の中に閉じ込めていく。そしてそのうちの何割かはＤＶ加害者となっていく。ＤＶ加害者とは、文字通り**「怒りを心に閉じ込めてきた人」**たちなのである。

カウンセリングでは、まずこの怒りに注目して、怒りを吐き出させ、そして怒りを解決することから始めていく。つまり心の傷（トラウマ）の克服である。

子どもが体罰を受けるとどういう影響があるか、ということについての調査・研究がある。アメリカのコロンビア大学の心理学研究チームが、２００２年６月に発表した報告である。

「コロンビア大学の心理学研究チームが、全米の約３万６千人を対象に、約60年前までさかのぼって体罰の影響を調べた。

その結果、体罰を受けた子どもは、その時には親の命令にすぐに従うといった〝効用〟があるが、一方で、長期的には①攻撃性が強くなる、②反社会的行動に走る、③精神面の問題を抱える、といったさまざまなマイナス面が見られることが判明した。

同チームは、おとなあるいは動物への暴力的行為が違法とされるのに、子どもに対しては合理的だと信じられている。見直す必要があるのでは、と主張している。

そして、同チームは、体罰に踏み切る場面だと思ったら、一度部屋を出て、十まで数えてほしい、と呼びかけている」（『朝日新聞』２００２年６月27日より）

② 言葉の暴力を受けてきた

いくら家族、身内だからといって、言っていいことと悪いことがあるだろう。特に親だからといって子どもに何を言ってもいいわけではない。乱暴な言葉を言われ続けてきた人は、乱暴な言葉を吐く人になっていくことがある。特に相手の人格を否定するようなことや、人としての価値を否定するに等しいことは、親子・夫婦・身内に限らず人に対して絶対に言ってはいけないことだろう。

あるDV男性は、妻に対して徹底的に言葉責めをする人だった。自分の考えをたたみかけ、妻の言うことはことごとく否定し、自分の考えをかぶせていく人だった。そうした傾向をいつ、どこで身につけたかをたどっていくと、それはまさに父親の姿そのものだったのである。

教育者でもあった父親から徹底して間違いを指摘され、何かにつけて否定的な言葉を浴びせられてきたという。だからその彼にとっては、妻の発言の間違いを正すことは、自分が親からされたことと同じ、相手のため、相手を正し、まっとうな人間にしていくための正義の行動だったのである。

別のある男性（20代）は、同棲していた彼女がいたが、すぐに怒鳴ったり、手を上げたりしてしまい、彼女から別れを告げられてしまった。そんな自分を変えたいと言って、私のカウンセリングルームにやって来た。

なぜ大好きだったはずの彼女に乱暴な言葉を吐いてしまったのか？

その元をたどっていった時、彼自身も、父親や母親から小さい時からずっと言葉の暴力を受けてきた人でもあることがわかった。

覚えている父親から言われた言葉として、

「誰が育てたと思っているんだ！」

「どんだけ食わせてやったと思ってるんだ！」

「お前にどんだけ金を使ったと思っているんだ！」

「お前は本当にクズだ。

お前は人間のクズだ。

お前なんんか、産まなきゃよかった」等々。

そして両親は、夫婦げんかも絶えなくて、そのあげく母親からも、

「お前が生まれてこなかったら、お父さんとは結婚しなかった。お父さんとの結婚は失敗だった」

などとよく言われたという。


この男性は彼女ができて同棲したが、嫉妬心が強く、たびたび浮気を疑って追及するので、彼女からよく「なんで私のことを信じてくれないの？」と言われたという。

しかし、彼には「人を信じる」ということがどういうことなのか、どうしてもわからないと言う。「人から信じてもらったことがないので、信じるということがどういうものなのか、全くわからない」というのである。

親からいつも否定的な言葉を浴びせられ続け、否定的な見方をされることに慣れてしまうと、人を信頼するということがわからなくなり、信頼ある関係を作りにくくなってしまうのである。だから例えば、

街なかを彼女と一緒に歩いていて、たまたま彼女が知り合いの男性と出会い、挨拶すると、それだけで彼女に対して激怒してしまうのだという。その人に気があるのではないかと疑ってしまうのである。そうしたことが重なった結果、彼女は苦しくなってしまい、彼の元を去って行ってしまったのであった。

③　強い束縛や支配を受けてきた

④　子どもの頃に、「いい子」でいることを強いられてきた

親の強い言葉や束縛のもと、「いい子」でいることを強いられてきて、それが後年、反動のように恋人やパートナーに強い束縛や干渉、暴力となって出る場合がある。

これは比較的成績もよく、優秀と見られてきた人などに多い。子ども時代に成績もよかったりするので、かなり過酷な塾通いにも耐え、親の指示に従って必死で勉学に励んできたりした。成績が悪いと親から厳しく叱られたり、家の外に出されたりすることもあったりしたのである。

「いい子」でいなければいけなかった、「いい子」でいるために我慢してきた。親の言うことをよく聞く、聞き分けのよい子であろうとし、言いたいことや本音の部分を抑えて生きてきた。その反動で、恋人ができたり、結婚したりするとそのパートナーに対して、あるいは子どもができるとその子どもに対して、いい人であること、聞き分けのよい人、自分の言うことを素直に聞いてくれる人であることを強く求め、その意向に沿わないと暴力的な激しい言葉を浴びせていくのである。

パワハラや一見暴力的な言葉には見えないモラハラをする人、細かく指示を出す上司などにも、こういう育ちをした人が多いように思う。自分がされてきたことでもあるので、悪いことをしているとは思えないのであろう。

少子化が進み、子どもの数が減ってから、子ども一人ひとりへの親の干渉が進み、親が子どもに自分の意向に沿うように強いる傾向が増えてきた。その結果、以上のようなことが多くなってきたのではないかと思われる。

子どもにいい子に育ってほしいのは、親やおとなの願いでもあるので、親としても、おとなとしてもつい「いい子像」を押し付けてしまう。また子どもも、これに応えようと頑張ってしまう。そうして無理をして頑張ってきた分、大きくなって力を持ってきた時に、その反動として自分がされたことと同じようなことを相手に押しつけ、思うように応えてくれないと怒ったり、暴力的な言動をしてしまうということもあるのである。

子どもがいい人に育っていくことは、親やおとなの願いであるが、子どもは子ども時代に、まずは「子どもであること」が大切ではないだろうか。子どもらしい「甘え」や「いやいや」、「癇癪」、「駄々こね」、「落ち着きのなさ」や「ある程度のわがまま」などを出していいのである。それを充分出して受け止めてもらってこそ、やがてそれを卒業していくのである。

早いうちから親の期待に沿うような「いい子」を要求してしまうと、自分の中の「ああしたい」「こうしたい」という素直な感情を抑圧してしまうことにもなりかねない。やがてそれはストレスになって、心に中に残っていくことになる。そのストレスが蓄積されていくと、それはやがてその人の心を圧迫し、大きくなった時に、犯罪やＤＶや、精神疾患、身体疾患などにもつながっていくことにもなるように思う。

現にＤＶ加害者やストーカーの中には、親の目から見たらとても聞き分けのよい、「いい子」であった人たちがかなりいる。加害者である息子をかばい、被害者である妻の方を「我慢が足りないわがままな女性」として、息子と一緒になって非難する親も決して少なくないのである。

息子が妻に聞き分けのよい素直さや従順さを求める背景として、自分が息子に従順さ＝「いい子」を強いてきたことに気づかない親もまた多いのである。あるいは意識してなくても、どこかで気づいていて、自分の責任にしたくないので、子どもと一緒になって、子どもの妻（や夫）を「できの悪い妻（や夫）」として非難し、責任を転嫁していくケースもあるのである。

子ども時代の甘えやわがままは、いわば子どもらしい素直な感情である。子どもの一時期に、それをしっかりと受け止めてもらってこそ、それを卒業できるのである。子どもらしい感情を出せないままに、あるいは受け止めてもらえずに我慢して、いい子いい子をして育った人は、大きくなった時に、精神疾患になるか、あるいは自分のパートナーや子どもに聞き分けのよい「いい子」を強く求めるようになっていく可能性があると思う。盗撮や痴漢、万引きなどの犯罪をする人の中にも、「いい子」で育った人が多い。ＤＶ加害者もまた、親の前では「いい子」をしている人が多い。何よりも親は小さい時から怖い存在だったからである。

「いい子」でいるためには、自分の中の自然な感情を抑圧しなければならない。それが問題である。抑圧された感情は、蓄積し、いつか屈折した形で爆発する可能性があるのである。

⑤　強いストレスを受けている

ストレスは、いわば心へのプレッシャーであるから、どんな問題行動の背景にもなりうるが、ここでは強いストレスが、激しいDVにつながった例を挙げてみよう。

妻に激しい暴言暴力をしたIさんは、会社で先輩の社員からいじめのようなパワハラを受けていた。運送関係の会社で、重いものを運んだり、整理する仕事だった。

気の荒い社員も多かったらしく、「おめえ」「てめえ」「どけ！」「なにやってんだー！」「俺のことをなめてんのかー！」など、そういった言葉をしょっちゅう浴びせられたという。胸ぐらをつかまれて言われることもあり、それは想像を絶するものだったという。

人生途中の新たな入社でもあり、何としても辞めたくないという強い思いもあったため耐えたが、そのストレスたるや大変なもので、その結果家に帰って来てから、自分が言われたものと同じような言葉を妻に浴びせてしまったのである。

上司に訴え、部署を変えてもらうまでパワハラは続いたが、同じ頃、妻もまた家を出て行ってしまったのである。

別のDV加害者のJさんは、ある会社の中間管理職でもあった。その地位は、最終学歴が高校卒の彼にとっては、文字通り、血と汗と涙で勝ち取ったような地位でもあった。上司からもかなり信頼されていたという。

その上司からの信頼を得るために彼が一番力を入れたのは、結局たくさんの残業をこなすことであった。与えられた仕事は一切断らなかったという。残業時間が月に200時間を超えることも珍しくなかったという。帰りが午前様になることもしょっちゅうで、帰宅時に朝の新聞配達の人とかち合うこともあったという。

帰ると、会社でのストレスのうっぷんを吐き出すように、妻に対して説教を始めるのであった。常にイライラし、気に入らないことがあると、すぐに怒りだすので、2人の娘は彼が帰宅すると、顔を合わさないように、すぐに自分たちの部屋に引っ込んでしまったという。

妻は夫と顔を合わさないわけにはいかなかった。夫は話をしていて何か気に入らないことがあると、妻に突然怒鳴ったり、叩いたり、物を投げたりということが普通のようにあったという。妻は大きな湯呑み茶碗を投げられてあざを作ったり、玄関で殴られて一時失神したり、髪をつかまれて引きずり回されたりしたこともあったというのだ。

妻はやっと家を出て離婚を勝ち取るが、それでも夫は、自分が妻に悪いことをしたとは思わず、「妻が言ったことを守らないので諌めただけなのに、私は妻に悪者扱いされてしまった」と嘆くのだった。

この男性のＤＶの背景にはいろいろあるが、この男性が家でいつもイライラしていた原因の一つには、過重な労働状況があり、時には1ヵ月で２００時間を超える残業（時間外労働）をこなしたという過酷な勤務状態もあったのである。

忙しさや疲れの蓄積は、人の心から余裕や優しさというものを奪ってしまう。そうすると、家族を養っていくために頑張っているという意識が、「俺はこれだけ頑張っているのだから、何を言ってもいいだろう」、「俺は外で苦労して頑張っているのだから、家では少しくらい威張っても当たり前だろう」「俺は仕事で苦労して頑張っているのだから、家族が俺に従うのも当然だろう」、……等々という意識になり、知らないうちに家庭の中に上下関係を作り、ＤＶ加害者となっていく。この男性Jはその典型である。

ＤＶ加害行為の一因として、このストレス蓄積型は、日本ではとても多いように思う。

⑥　強い「ジェンダー・バイアス」の中で育つ

元彼女にストーカー行為をした青年Kは、幼い頃から父親が母親に対して高圧的に威張る姿を目の当たりにしてきた。

父親はほとんどまともに母親（妻）の言うことを聞こうとしなかった。母親が何か言うとすぐに否定したり、言葉尻を取ってバカにしたり、母親が話しかけると、「話は1分で済ませろ！」と言ったり、そうした高圧的な態度をKは頻繁に目の当たりにしてきていた。

そうした父と母のようすを、Kは幼い頃からずっと「嫌だな」という目で見てきたという。「父はなぜもっと母に優しくしないのだろう？」と思ってきたというのだ。しかし、成人になった後、結局女性に高圧的な態度を取るのは彼自身もそうで、自分の彼女に対して、父親と同じことをしてしまったのである。

彼の高圧的なものの言い方や女性を見下すような態度は、むしろ父親以上で、彼と交際した女性たちはそれに嫌気がさして、やがて離れていってしまうのだった。

私が彼に関わることになったのは、彼女が別れたいと申し出たにもかかわらず、彼が彼女にしがみつき、絶対に別れないとストーカー行為や脅迫行為をして、彼女を不安がらせ、恐怖を感じた彼女が警察に相談し、逮捕されたからである。両親は彼のストーカー行為をやめさせたいと悩み、人に紹介され、私の所へ息子へのカウンセリングを依頼してきたのである。

その彼の両親と話をする中でわかったのは、Kの母親や彼女を見下す態度は、まるで父親の態度そのものだったのである。父親の母親への高圧的な態度に彼自身も傷つき、嫌だったはずなのに、いざ女性を前にすると、自分もまた高圧的な態度を取ってしまう。こうして「ジェンダー・バイアス（性別偏見）」は、父から母へ、息子から彼女へと発揮され、父親からまるで職人技を受け継ぐように、継承されていったのである。

ある男性Lは、妻に暴力的な言葉を嵐のように浴びせる人だった。妻に対しての発言は女性差別、人格否定の固まりのような言葉の連続だった。実はこの男性Lの母親が、「男は〜」とか、「女は〜」とかという、「ジェンダー・バイアス」の固まりのような人だった。

男性Lは小学校時代に、中学校受験に向けて毎日のように塾に行かされていたが、たまには遊びたいと塾に行くことを渋った時に、母親に「男のくせに、なに甘えたこと言ってんの！」と言って叱られ、髪の毛をつかまれて床を引きずり回されたこともあったという。あるいはまた、「男なんだから〜」「男の子でしょ……」「男のくせに……」を連発する母親でもあったという。

そしてまた、男性Lの妻が、夫（L）の暴力を夫の母親に相談した時には、「男は仕事で頑張っているんだから、妻たるもの、そのくらい我慢してあげなくっちゃ……」と、妻の方をたしなめ、息子の暴言暴力に対しては、何も言わない親だった。

男性Lの暴力的な部分を形成した最大の要因は、そうした母親の価値観人間観である。だからこそその母親は、Lの妻の言い分に対してもきちんと中味を受け止めて検討せず、「男たるもの〜」「女たるもの〜」という観点からの対応しかできなかったともいえる。

⑦　家庭内の暴力を見てきた（面前ＤＶ）

（自分が直接暴力を受けなくても、家族内に暴力があり、それを目撃して育つと、同じようなことをしてしまうことがある……暴力の連鎖）

ある青年Ｍの場合、自分が父親から直接殴られたことはなかったものの、幼少の頃から父親が母親に毎日のように激しく暴力を振るうのを、目の前で見てきていた。母がうずくまり、父が大きな声で怒鳴りながら母を激しく殴り続けている場面を、何度も何度も目の当たりにしてきていたのである。

彼は何度も止めに入り、一度は「父ちゃん、やめてよ！」と父親の手首に噛みつき、あまりに強く噛んだため、噛んで切れたところから血があふれるように出て、自分の顔全体が血だらけになったこともあったという。

そして両親は、彼が小学生の時に離婚をした。

そういう体験をしているので、彼としては自分は彼女や妻には絶対に暴力は振るわない男になると、心の中で決めてきたという。

ところがそういう彼も、いざ彼女ができ、付き合いが続いたり、同棲したり、婚約したりすると、父親と全く同じように彼女に暴力を振るってしまったのである。

これまでに幾人もの女性と親しくなり、同棲したりもしたが、いつも自分の暴力や束縛で彼女が離れていったという。今回も、婚約し、結婚式の日まで決まっていたのに、ささいなことで彼女に暴力を振るってしまい、命の危険を感じた彼女は、実家に帰り、親やきょうだいとも相談した上で、婚約解消を申し出てきたのだった。彼女の婚約解消の気持ちが本気なのを知って、彼もあわててカウンセリングを申し込んできたのであった。彼はカウンセリングを受け、何とか自分を変えようとし始めたが、彼女の方はそれを受け入れず、結局婚約解消が決まった。それと同時に、彼もカウンセリングを受けるのをやめてしまった。これではまた彼は、同じことを繰り返すことになってしまうだろうと思う。

またある40代の男性Nの場合である。

彼は小さい時から自分も父親によく怒鳴られ、怒られたりしてきたが、夜になると、父親が母親にいろいろと文句を言う声が聞こえてきたという。彼は、ふすま越しに聞こえてくる声を布団の中で一人で震えながら聞いていたという。父親の言い方、言葉遣いがあまりにきついので、母親の心中を思うと心が苦しくなったり、母親が出て行ってしまうのではないかと、いつも心配したりしていたという。

彼にとっては父親はとても厳しく怖い存在だった。父親に甘えた覚えはほとんどないという。父親のようには絶対になるまいと心の中で誓ってきたという。

その彼が社会人となり、地元のしっかりした会社には入り、職業人としてきちんと活動するようになり、結婚もした。

しかし彼は飲酒をすると、まるで抑制力が切れてしまったように、妻や子どもを罵り、手を上げてしまったのである。あれほど父親のようにはなるまいと思ってきたのにである。

嫌だ、嫌だと思ってきた父親の行動を、自分もまた再現してしまったのである。

深酒をする人や、またいわゆる酒癖が悪く、暴力的な言動をしてしまう人には、幼少期に心を傷つけられた経験を持っていることが多い。心の傷の痛みを癒すかのように酒を飲み、傷の痛みを忘れるかのように深酒をしてしまう。そして酒を飲まない時は傷の痛みからくる怒りを抑制できても、お酒を飲むとその箍（たが）が外れたように、爆発してしまうのである。

この男性Nの場合もその典型で、決して単に生まれつき酒癖が悪いというものではない。幼少期の父からの体罰や罵声、父から母へのDVの目撃などが彼の心を傷つけ、いわば酒による癒しを必要としたともいえる。面前DVは、子どもへの虐待の一つなのである。

残念なことは、そういった部分をしっかり治してから結婚をしなかったことだ。しっかり治して心を自立させてから結婚しないと、今度は自分が加害者になってしまうのである。この彼は2度結婚したが、2回ともDVが原因で離婚に至っている。

こうして暴力的な言動は、親から子へと連鎖していってしまう。

ここでもまた**「DV加害者とは、子ども時代に虐待に近い体験した被害者の成人した姿」**ともいえるのである。

⑧ 親との離別（親との死別や両親の離婚など）

離婚そのものが、いいとか悪いとかと言うのではない。離婚は夫婦間に問題が生じ、一緒に居られない理由があり、離婚せざるを得ない事情ができたからするものであって、他人がとやかく言えるものではない。現に離婚したくても、なかなかできなくて、やむを得ず夫婦でい続けるというケースも決して少なくないからである。離婚の事情とは、実にさまざまである。

しかし、親にとっては意味あるものであっても、子どもにとっては、かなりダメージになる場合もある。特に両親の離別によって自分が好きだった（甘えられた）方の親と離れ離れになることは、子どもにとって大きなショックであることがある。いろいろな意味で、目の前の両親の関係の崩壊は、子どもにとっては大きい影響があるのである。

子どもによっては、自分のせいで、あるいは自分がいい子でなかったから、自分の力が不足していたから、両親が別れることになったと思い込んだりすることがある。

また両親間に危機があると、子どもは親に甘えたくともなかなか甘えられず、「甘えたい」という気持ちを我慢しなければならなくなる。「甘えたい」という思いを我慢して大きくなった分、後年大きくなった時に、パートナーに爆発するかのように強く甘えたり、甘えの裏返しのように、相手への暴力・束縛となって表れることがある。

あるDV加害男性（Y）の場合だが、彼が育った家庭には、特に暴力的なものがあったわけではない。

彼の目から見て、激しい罵声が飛び交ったわけでもない。しかし、母親は「舅や姑（義両親）との同居には疲れた」と言い、父親（自分の夫）に一緒に家を出るように誘ったが、長男であり、跡取りでもあった父親は、家から出ることを拒否したため、母親は一人で家を出て行ったのである。彼が小学校中学年の時であった。

母親が出て行っても祖父母もいたし、父親もいたので特に生活上困ることはなかったし、皆優しく接してくれたが、母親がいなくなった寂しさは、いかんともしがたかったようだ。そして、時々母親と会うことはできていたという。

成人後、社会人として生きる中で、彼女ができた。しかし結婚を決めた途端、彼はその彼女に異常なほどの干渉や束縛をするようになったのである。

結婚が決まってから、彼は毎日のように彼女の家に行き、泊まっていったり、彼女が「今日は来ないで」と言い、玄関のカギを閉めておいても、ベランダから上がってきたり、ベランダの外に一晩中いたり、毎日車のところにプレゼントが置いてあったり、「愛している、愛している」とベタベタくっついてきたり、風呂に一緒に入ると体も洗ってくれて、髪も洗ってくれて、体もふいてくれて、いたれり尽くせりしてくれたり、かと思うと、連絡取れないだけで、どっかの男と一緒にいるんじゃないかと疑ってきたり、何かをきっかけに妄想をふくらませて一人でキレたり、携帯電話を確認して、男の名前のものは全部削除したり、昼休みには駐車場で待っていたりと、とにかく執着が強かったという。

彼としては、いつも見張ってないと離れて行ってしまいそうで、心配でしかたないと言うのであった。母親が離れて行ってしまった時のような寂しさは、もう二度と味わいたくはないということだった。

しかし、彼は自分のそうした、しがみつくような行動が、かえって彼女に圧迫感を与え、彼女が離れていく原因になってしまうことには、気がつかなかったようだ。自分の中の寂しさを埋めたいということだけに意識が集中してしまったのである。自分の気持ちだけを優先させ、相手の気持ちはほとんど見えなくなってしまったのである。かつて寂しさに耐えたその積み重ねが、こういう形で爆発したように思える。

親との死別も、子どもに言いようのない寂しさを与え、子どもの頃はその寂しさに耐えても、成人後我慢してきた思いが爆発するかのように、パートナーにしがみつき、暴力的な対応をしてしまうことがある。これは男性に多い。

男性Oは、妻や子どもにかなり乱暴な言動をするため妻はうんざりして、離婚を考えていた。その妻の強い要望で、男性Oは私のところにカウンセリングを受けに来たが、本人は自分の言動が乱暴だという自覚は、最初ほとんどなかった。

カウンセリングをしていく中で、彼の怒りの奥に、実は悲しみや寂しさがあることが見えてきた。その原因は、彼が中学生の時に母親が自死したことだった。その時の死体となった母親の姿が、彼の心に焼き付いていたのであった。

私は「エンプティ・チェア」のやり方で、前に置いたクッションを彼の母親に見立て、母親への彼の思いをできるだけ言葉にして出してもらった。そして最後に、その母親（クッション）を抱きしめてもらったところ、彼は目を閉じたままクッションを40分間も抱きしめ続けたのである。

後で聞いたところ、クッションを抱きしめながら、自分が生まれてから母親と死別するまで、母親と一緒に過ごした日々のことをずーっと思い出していたということであった。まるで走馬灯のように、鮮やかな映像で次から次へと思い出されていったという。そして自分がどんなに母親から愛されていたか、自分もどんなに母親を愛していたかを再確認し、安心できたという。またここで母親（クッション）をしっかり抱きしめることで、母親とも最期のいい別れができたということであった。

こうして彼は、子ども時代に母親を失った悲しみと寂しさを、なんとか克服できたのであった。

親の離婚や死別を体験し、どちらかの親と離れ離れになってしまい寂しい思いをした人が、年齢を経てから、彼氏や彼女、あるいはパートナーにしがみつくように束縛したり、コントロールしようとする例は、決して少なくない。深い喪失感が、強い執着心を生むといってもいいかもしれない。

もちろん親が離婚したり、死別したりしたからといって、どの子どももそうなるわけではない。そういう行動をとるのは一部かもしれない。また両親間にＤＶや争いなどがある場合、離婚しないことの方が子どもに圧迫を与え、傷つけてしまうこともある。いずれにせよ親の動向が、子どもの心に大きな影響を与えることは確かだろう。

⑨　きょうだい間での大きな差別的な扱い

直接的な身体的暴力のあるなしにかかわらず、親からきょうだい間で差別的な扱いをされると、差別された方はそれが怒りとなって心に蓄積していく。そして、その怒りはやがて大きくなり、爆発する。差別した親に対して怒りを出すならともかく、全く関係のないパートナーに吐き出されていくことがあるのである。

第5章で紹介した女性の洋子さんの場合もそうであった。跡取りである兄と自分に対する周りのおとなたちの露骨で差別的な態度が、彼女を大きく傷つけ、それがずっと彼女を苦しめ、摂食障害や自殺未遂まで起こし、結婚してからはその怒りが夫に向かって爆発したのだった。

きょうだい間での大きな差別的な扱われ方は、子どもにとって大きな怒りになり、心に深い傷を残していくことがあるのである。

DV加害男性Pは、元妻から「あなたには思いやりというものがない」「家事を分担するとか、手伝うとかという発想も全くない」「ただ人のことを責めるだけで、家のことは妻がやって当然と考えている」と言われてきたという。さらに元妻や彼女からも、「あなたの言葉はきつ過ぎるし、言葉が汚なくて聞いていて苦しくなってしまう」と言われたという。どんな言葉かというと「うるせえ」「おめえ」「てめえ」

「早くしろ」、その他「嫌味っぽい言い方や命令口調の言葉」だという。自分でもどうして汚い言葉や相手を罵るような言葉が口から出てしまうかわからないという。また、そういうふうに言っても妻や彼女が言うことを聞かないと、蹴ったりもしたのだという。

その男性はなぜ汚い言葉を使うのか、またなぜ気に入らないと蹴ったりもするのか、それは父親の姿そのものでもあったのだった。

父親も母親に対してよく手を上げた人で、そこまでしなくてもという暴力をたびたび見てきたという。そして彼が高校生の時に、母親は単身、家を出て行ってしまった。

しかし彼を苦しめてきたのは、それだけではなかった。彼を苦しめてきたことの一つに、出て行った母親が「弟だけ」をかわいがったことがある。だから彼には、父親にも母親にも甘えたという記憶がないという。

彼には4歳下の弟がいるが、母親から、「弟はかわいいけど、あんたはかわいくない」と言われ、その言葉に深く傷ついたという体験を持っていた。その言葉は40歳を過ぎた今でも忘れられないし、今でも許せない言葉だという。

母親が、弟だけをひいきし、かわいがっている場面を何度も見ている。弟にだけものを買い与えたり、弟だけを連れて食べに出かけたり、ずっと小さい時からそうだったという。「なんでそうなの？」「なんで弟ばっかり？」と思ってきたという。だから、母親に対して、もっと自分の方も見てほしい、自分のことも認めてほしい、自分も構ってもらいたい、という思いがずっとあったという。でも母親は自分の方はほとんど見てくれなかった。それで彼は、腹いせに時々母親の財布からお金を盗っては、お菓子を買ったりしたという。

母親に「なんで弟ばっかりかわいがる？　差別すんなよ」と言ったところ、母親は「あんたは容姿がお父さんにそっくりだから嫌。それにあんたは、何かしてやってもありがとうを言わないし、あいさつも言わないから、弟の方がかわいい」と言ったという。

両親は彼が16歳の時に離婚し、母親は子どもを育てられないからと彼と弟を置いて行った。出て行ってからも、母親は彼には連絡を取らず、弟にだけ連絡を取ってきたし、弟とは会ってもいたようだという。彼は、母親とはその後1度も会っていないという。

今や彼は母親には、何も求めないし、怒りもないし、謝ってもらいたくもないという。もうどうでもいい人だ、という。

「母はどうでもいい人です」と言いつつも、どこか寂しそうな顔をしていた。

一方で母親を求めるように女性に近づき、親しくなるが、親密になると、その人に対して口汚く罵るようなことをしてしまう。女性と親しくなり、すがりつくように甘えるのに、自分の思い通りにならないと、相手を罵ってしまう。結婚していた頃も、「子どものことよりもまず俺だろう」という思いがあったという。そして思いが叶わないと、たとえ愛する人であっても、思わず汚い言葉を吐いてしまうのだという。

汚い言葉を思わず吐いてしまうのはなぜなのか、それをカウンセリングで追っていったところ、彼が汚い言葉を一番言いたいのは母親に対してで、母親に根深い恨みがあることがわかったのである。今は母親とは会うこともない、だから言いたかったことを言える状況にはない。実の母に言えない分、目の前の母に代わる妻に、その恨みをぶつけているように見える。

⑩ 親に甘えを受け止めてもらえなかった

人が成長していく時に、一番心の土台となるものが、自分は愛されてきた、この世に生まれてきたことを喜んでもらえた、という実感であろう。ではその実感はどうしたら得られるかといえば、乳幼児期の充分な「抱っこ」であると思う。

人は幼い頃に親（もしくは親に変わるおとな）に充分に「抱っこ」されることで、自分は愛されているんだ、自分は大事にされているんだ、自分はこの世に生まれてきてよかったんだ、人間って信頼できるものなんだ、ということを実感できていくのではないだろうか。それが自己肯定感や人間への信頼感という、前向きに生きる上での心の土台になっていくのである。「抱っこ」は人の心の土台を作る一番の元なのである。

「抱っこして！」と言った時に、ちゃんと抱っこしてもらえる、そうした甘えを受け止めてもらえるような関係の中で、人は相手の気持ちを受け止めることも覚え、柔らかい関係の作り方も覚えていくのではないだろうか。甘えはわがままと似ているように見えるかもしれないが、全く別物だと思う。子どもは抱っこをはじめとして、甘えを受け止めてもらえることで安心感を得、愛されていることを実感し、そして甘えを卒業していくのである。

「甘えられる人がいる人は強い」……これは私がカウンセリングの勉強している時に、ある講師から教えられた言葉である。これは人間の心理をよく表している言葉だなと思い、とても印象に残っている。そういった意味で、甘えられた体験、甘えを受け止めてもらえた体験は、とても大切なものと思うが、DV加害者の中には、この「親に甘えた」という経験がとても乏しい人が多い。私が「親に甘えたという記憶がありますか?」と聞くと、間髪を入れずに「全くありません」という人が大半である。

そういう人の中には、まるでしがみつくように妻（や夫）に甘え、寄りかかる人がいる。

それも優しい形では甘えない。なぜ俺のことをしっかり世話しないんだ、なぜ俺の言う通りにしないんだとばかりに、自分を最優先しないことに文句を言い、怒鳴りつけ、時に暴力も振るうのである。

本来、結婚はおとなの行為である。精神的にも肉体的にもおとなになり、自立した者同士が共に歩んでこそ、いい関係が作っていけるのだと思うが、甘えをしっかり受け止めてもらえず、甘えを卒業できてないと、心の方がとてもおとなになっているとはいえず、まるで赤ん坊のように駄々をこねたり、自分の感情をコントロールできなかったりする。だからパートナーからすると、そういう夫（あるいは妻）

がまるで手のかかる大きな子どものようにすら見えたりするのである。

妻への文句がやめられなかったという人（男性Q）がいる。この男性は、「なぜか妻の顔を見ると、文句を言いたくなってしまうんです」と言う。「なにかにつけて、妻の顔を見ると、文句を言いたくなってしまうんです」とも言う。

帰宅して玄関を開け、玄関の靴が乱雑になっていると、玄関先で「靴くらいしっかり並べとけよー！」と文句を言い、妻がいる台所に行って服が椅子などに掛かっていると、「おい、しっかり掛けとけよー」と文句を言ってしまうのだという。自分は、そんなに文句ばかり言う人間ではなかったはずなのに、なぜか妻にだけは顔を見ると文句を言いたくなってしまうと言うのだった。

そのように何かにつけて文句を言う夫に、妻はとうとう業を煮やし、「あなたと一緒にいるのは苦しい！」と書き置きをして、家を出て行ってしまったのである。

妻が出て行ってしまった途端、彼はパニックに陥ってしまった。食べられない、酒も飲めない、眠れない、仕事に行く気にもならないと、やがてうつ状態になってしまったのである。「死ぬかと思いました」とも言うのだった。

そしてかなり痩せて、地を這うようなありさまで、私のカウンセリングルームにやってきた。

「妻が家を出て行ってしまいました。私が文句ばかり言ったからです。怒鳴ってばかりいました。でもあんないい女はいませんでした。私が出会った中では、最高の女でした」と言う。

私が「そんないい女なのに、なぜ文句を言ったのですか？」と聞くと、

「そうです、今まで自分が出会った中では、一番いい女なのに、なぜか文句を言いたくなってしまうんです。本当は妻に文句なんてないんです。でもなぜか顔を見ると、文句を言いたくなってしまうんです。妻には、ぼくは怒ってばかりの人間に映ったでしょうね……」とも言う。

そこで私が、

「妻に文句ばかり言いたくなってしまうということですが、あなたは本当は妻に何て言いたかったか、当ててみましょうか？」

と言い、そして、

「それは『お母さん、抱っこして！』と言いたかったのではありませんか？」

と言ったところ、彼は両手で頭を抱えて、

「そうです、そうなんです！　そう言いたいけど、そうは言えないんですよ！」

とうめくように言うのだった。

彼は本当は、帰宅した時に、「お母さん、ただいま。疲れたよー」とか言って、妻に抱きつき、ハグしてもらいたかったのである。でも40歳も過ぎると、そういう本音の行動は取れずに、「何やってんだー」とばかりに悪態という形の行動を取ってしまうのであった。本当は、抱きつき、触れ合うことで、安心

感や安らぎを得たかったのである。甘えたいという感情が屈折して、「何やってんだー！」という罵声に変質してしまった。しかしこれでは相手が受け止めきれなくなってしまうのは当然であろう。

彼は3人きょうだいのうちの真ん中で、一番しっかり者だったようで、親からも「あんたはしっかりしているから大丈夫だよね」と言われ、きょうだいの中で一番手をかけてもらえなかったという。親に甘えたという記憶はほとんどなかった。だから、この妻と出会い、結婚を決めた時、この人には甘えられると、直感的に思ったという。しかし実際の行動としては、甘えを受け止めてもらうような行動ではなく、文句を言う、罵声を浴びせる、悪態をつく、という行動を取ってしまったのである。

しかし、これではいくら相手を憎んでの言動ではないと言っても、相手としては苦しくなってしまう、嫌になってしまう。だから妻は家を出たのである。

パートナーと一緒にいる時は、散々悪態をつき、相手を怒らすようなことをしておきながら、いざ相手が家を出ていなくなってしまうと、パニックに陥ってしまい、何も手につかなくなるくらいに落ち込んでしまう。こういうDV加害者は、実はかなり多いのである。もちろんこうした背景があるからといって、DV行動が許されるわけではない。しかし、こういう人に、ただ「あなたのしていることは暴力ですよ、DV行動ですよ」と言っても、心に落ちて行かないのである。まずはこうした自分の行動の背景に何があったかを探り、掘り下げ、自覚していかないと、更生のためのさまざまな教育プログラムが心の中に入っていかないのである。

⑪ 性暴力被害や性的虐待を受けた

過去に性暴力被害を受けたりすると、それが怒りの元になって、最も身近にいる、自分を受け止め、自分を見捨てないであろう大切な人に、怒りをぶつけてしまうことがある。これは、女性のDV加害者に多い。

性暴力被害を受けた悲しみ、苦しみ、怒りの気持ちを心にずっと持ち続けているために、それを本来ぶつけるべき加害者に直接ぶつけられないと、心は苦しいので、その苦しみを自分を見捨てないであろう一番愛している人に出してしまうのである。いらいらした感情や思いを、夫や子どもに激しくぶつけてしまったりするのである。

愛している人、愛してくれる人といい関係を作りたいという思いは人一倍強いのであるが、性暴力被害を受けた心の痛みが怒りとなって煮えたぎっているため、無意識のうちにその怒りをぶつけてしまうのである。〝私のことを愛しているなら、私の苦しみをわかってよ〟、〝私の苦しい胸の内を受け止めてよ〟、と思ってしまうのではないだろうか（第5章、洋子さんの場合、怒りの克服ワーク④……レイプ加害者と対決を参照）。

しかし、悲しいことに、このやり方は、愛している人との関係を破壊していくことになりかねない。あまりに激しいぶつけられ方をすると、相手の人も受け止めきれなくなるからである。ここにもともと被害者であった人が、加害者になってしまうことの悲劇性があるのである。

「怒りを心に閉じ込めてきた人」

心に傷を持つ人は、その傷の痛みが、怒りになって表出する。痛みは怒りという形をとりやすい。先に挙げた男性加害者の正夫さん（第４章）や女性加害者の洋子さん（第５章）も、皆心の中に大きな傷を持ち、その傷のうずきが怒りとなって出た人たちであった。

ＤＶ加害者とはそういう心の傷（トラウマ）の持ち主であり、いわば**「怒りを心に閉じ込めてきた人」**と言ってもいいかもしれない。ＤＶ加害者は、パートナーに対しては加害者ではあるが、その生い立ちをたどってみると、暴力的な被害を受け、その心の傷の痛みを怒りとして、心の中に閉じ込めてきた人でもあるのである。ＤＶ加害行為は、いわば心の中に閉じ込めてきた怒りの爆発とも言えるのである。

ＤＶは心の傷（トラウマ）が原因であるということに否定的な考え

ＤＶは心の傷（トラウマ）が原因である、という考え方に否定的な人たちがいる。ＤＶはトラウマによって起こるものではないと、はっきり断定したりする。

ではどうしてＤＶはトラウマ（心の傷）によるものではないと考えるかというと、

①　DVは、トラウマ（心の傷）によるものではなく、「暴力容認意識」や「ジェンダー・バイアス」（女性や男性を見下す意識）、または「力と支配」などの考え方からくるものである。だからそういう間違った考え方こそ教育プログラムで変えていかなくては、DVはなくならない、と考える。

②　心の傷（トラウマ）が原因であるというと、加害者なのにまるで被害者であるかのように見えてしまう。そのため加害者としての責任を追及しにくくなってしまう。それは被害を受けてきた人、被害者を支援してきた人たちから見ると、到底受け入れ難いことでもあるだろう。

③　加害者が自分の加害行為をトラウマのせいにして、自己責任から逃げる口実に使われるのではないかということである。つまり、トラウマをDV行為の原因にすると、それを自分のDV行為の免罪符にしてしまうのではないか、そういうトラウマを持っているのだから仕方がないんだ、と責任逃れに使われてしまうのではないか。実際にそう言って言い訳をし、自分の責任ではないかのように言う人がいるからである。

④　次のような考え方もまた、広く受け入れられている。
「DVをする対象は限られている。つまりは、暴力を振るう対象を自分の意思で選んでいるのだから、意思である以上は、トラウマのせいではなく、その人の認識が作用しているのである。……」

（L・バンクロフト『DV・虐待加害者の実体を知る』明石書店）

というものである。

しかし果たしてこのバンクロフト氏が言うように、暴力を振るう対象を自分の意思で選んでいるとしたら、それはトラウマのせいではなく、その人の認識によるものとなぜ断定できるのであろうか。力のある人、権力のある人に対しては暴力を振るわずに、力の弱い人、自分を受け止めてくれるであろう人にしか暴力を振るわないことも、実はトラウマによるものと言えるのではないだろうか。力のある人から傷つけられてきたからこそ、力のある人を恐れ、力のある人には暴言暴力はせずに、力の弱い人、怖くない人に暴言暴力を浴びせてしまう、ともいえるのではないだろうか。

例えば、自分の子どもに手を上げたり、怒鳴ったりしてしまうことに悩んでいる女性がいた。その人は子どもに怒鳴ったり、叩いたりするたびに、そのすぐ後から後悔し、胸がしめつけられていくという。

「叩くのをやめなければ！　やめなければ！」と思うという。

でも子どもが気に入らないことをしたりすると、どうしても怒鳴ってしまう、あるいは叩いてしまう、そういう自分をどうしても止められないというのだった。いけない、やめたいと思いつつ、怒鳴ってしまう、叩いてしまうということだった。

これは、この女性に「暴力容認意識」があるからではない。子どもを見下してしまうからでもない。この女性もまた、子どもの時に親から激しく怒鳴られ、叩かれてきたからでもあった。

その女性が子どもを連れて実家に遊びに行った時、母親の前で子どもを激しく叱ったことがあった。

その時その女性は母親から「そんなに怒るもんじゃない」とたしなめられたという。その時その女性が思わず口から出たのは、「なに言ってる！　あんたはもっとひどく私を怒ったよね！」という言葉だったという。そう言われて、その女性の母親は黙ってしまったというが、そう言いつつもその女性も、子どもを叩いてしまうことをやめなくてはといつも思ってきたということだった。

その女性も、まずは自分の話をしっかり聞いてもらって、心の傷の痛み（母親から受けた暴言や体罰への怒り）を克服するカウンセリングを受けることで、子どもへの暴力をしなくなっていったのである。

この女性の暴力は、自分の子どもに対してのみである。他の人には出ていない。そういった意味では、相手を選んでいる。しかしだからと言って子どもを見下していたわけではない、暴力を容認していたわけでもない、力で支配しようと思っていたわけでもない。やめなければと思いつつも、暴言暴力が止められなかったのである。

私は、DV行為の背景・原因として、加害者のトラウマ（心の傷）があると考えていいのではないかと思う。

加害者は、自分のDV行為の大きな原因を、自分を傷つけた親（おとな）のせいにしていいのである。親やおとなにされたことが、どんなに嫌なことであり、どんなにひどいことであり、それによってどれだけ心を痛めて辛い思いをしてきたかをしっかりと思い出し、認識すべきではないかと考える。

そしてそのトラウマ（心の傷）によって自分がどれだけ突き動かされ、どんなに振り回されてきたかにしっかりと気づき、認識すべきではないかと考える。

ＤＶ加害者の更生に向けて優れた実績を上げている「メンタルサービスセンター」の草柳和之氏は、次のように述べている。

「大人である私たちの内側には、必ず子ども時代の自分が存在しています。それを覆い隠す形で、社会生活の際に必要なものの見方、振る舞い方を身につけているはずです。
普段見えないだけで、実は我々が自覚せずに快－不快で反応する仕方を理解するまでには、子ども時代に親が自分にどう接し、親が何を期待してきたか、それに自分はどう応えようとしたか、といった点が重要な鍵となります。
中には、親世代にＤＶがあり、同じことを繰り返したくなくても、繰り返してしまう人が存在します。親の振る舞い、価値観がどのように自分の生き方に影響しているか、そして自分のＤＶとどのようなつながりがあるかを明確にする作業は、とても重要です。」

（草柳和之『ＤＶ加害男性への心理臨床の試み』新水社）

ＤＶにつながる心の傷（トラウマ）を認識することはなぜ重要か

これまで、ＤＶ加害行動の一番の原因に、加害者自身が受けてきた心の傷があるのだということを述べてきた。そのように、「DV行為の一番の原因は、自分が育ちの中で受けてきた心の傷（トラウマ）への痛みや怒りにある」ということを認識することは、DV加害者にとってどういう意味があるのか。次のようなことが挙げられると思う。

① 加害者が、自分がそういう心の傷（被暴力や被支配体験等による）に大きく影響を受け、つき動かされ、振り回されてきたんだということを認識できる。

② かつて自分が嫌な思いをしたこと（殴られたり、怒鳴られたり、支配されたりなど）と同じことを、今度は自分がパートナーや子どもにしてしまっているということに気づくことにつながる。

③ 自分のDV行動が、相手に非があるから行った正義の行動ではなく、自分の心の傷（トラウマ）への怒りからきているもので、相手に問題があったからではなく、自分の方にこそ問題があったのだということが認識できる。

④ そしてその上で、怒りの矛先を、自分を傷つけたり苦しめたりした人（親やおとななど）に直接向けるのではなく、目の前の怒りを向けやすい人（パートナーや子どもなど）に向けてしまっているんだ、ということを認識できる。しかも、それは全くのお門違いの出し方であることに気づくことになる。

⑤ そして、その心の傷（トラウマ）をいかに克服していくか、またトラウマに振り回されない自

分にいかになっていくかが、自分のこれからの人生の大きな課題であるということを、認識することになる。

心の傷（トラウマ）を抱えてきたから、だから暴力的な行動をしても仕方がないとか、短気なところも暴力的なところも、自分のせいではなく親やおとなのせいだからしょうがない、というのではない。むしろその逆である。そういうトラウマを抱え、その影響を強く受けているから、そのことをしっかりと認識し、それを克服しない限りは、ＤＶはやめられないし、パートナーといい関係は作れないし、そのままでは自分の人生に明日はないのだ、ということをしっかりと肝に銘ずべきなのである。

自分が心の傷（トラウマ）を持っているということや、またその影響から心の中に強い痛みや怒りを持っているという自覚や認識は、ＤＶの言い逃れや責任転嫁の言い訳にするものではなく、むしろ逆に今後加害者が人生をかけて取り組むべき大きな課題、克服すべき人生のテーマにこそしていくべきものなのである。

ある女性の加害者は、次のように語った。

「今まで何人かの男性と同棲した。そのつど私は結婚も考えていた。でも結局は男性の方から『お前は怖い。だから結婚はできない』と言って、去って行ってしまった。

原因は私のDV……。

私が時々大暴れしてしまう。私が激しく怒って、家の中のものを投げる、壊す、怒鳴る、自分でも抑えられない。また、毎夜のように悪夢を見て、『助けてー！』と叫んでしまう。

今回も半年近く同棲した彼がいたが、彼が『お前は怖い！』と言って出て行ってしまった。

どうして私は時々暴れてしまうのか、それははっきりしてる。父親のせいだ。父から母への暴力がひどかった。母だけでなく姉も私も父からよく殴られた。一番ひどかったのは私が小学生の頃だった。父はちょっとでも気に入らないことがあると暴れた。母にお金を渡さなかったので、お金のことを言われると、テーブルをひっくり返したり、家じゅうのガラスを割ったり、ひどい暴れ方をしたのである。

私が3歳の時に、父が割ったガラスの破片が飛んできた。危ないのでそれ以来押し入れの中で寝ることにした。そんなことは毎週のようにあった。高校生の時は、自分の部屋から出ないようにしてた。

姉は母親をかばったので、よく父に殴られた。それで18歳の時に、逃げるように家を出て行った。姉が出た後、今度は私が母親をかばったら、私がよく殴られるようになった。私も18歳になれば、家を出られると思った。

父に対しては、父という感覚もなく、今は全く連絡を取っていない。

でも私の中には、母の優しい気持ちと、父の悪魔のような気持ちの両方あって、何か不安があると、蓋をしていた悪魔のような気持ちが出てきてしまう。私はDV加害者と同じことをしてしまった。父と同じことをしてしまった。

でも私が暴れたとしても、『父の暴れ方はこんなもんじゃないんだよ、このくらいがまんしてよ、このくらい受け止めてよー』という思いがいつもあった。でもどの男性も、私の暴れ方に恐怖を感じ、去って行ってしまった。

松林さんのホームページに、『DV加害者ももともとは被害者だったケースが多い』というようなことが書いてあったので、それで電話をした。そういう見方をしてくれる人は、初めてだった。

本を読んだりネットで調べたりすると、子どもがDVを受けたり目撃したりすると心の傷を持つと書いてあるのに、その子どもがおとなになってからのケアがない。DV被害者がおとなになってからのケアが全然ない。だけど私はその傷を治したい。私も家族を持ちたいという希望を持っているんです」

心の傷のさまざまな表れ方

以上、どういうものがDVにつながる心の傷となっていくかを紹介し、それをどうとらえていったら

心のコップ図

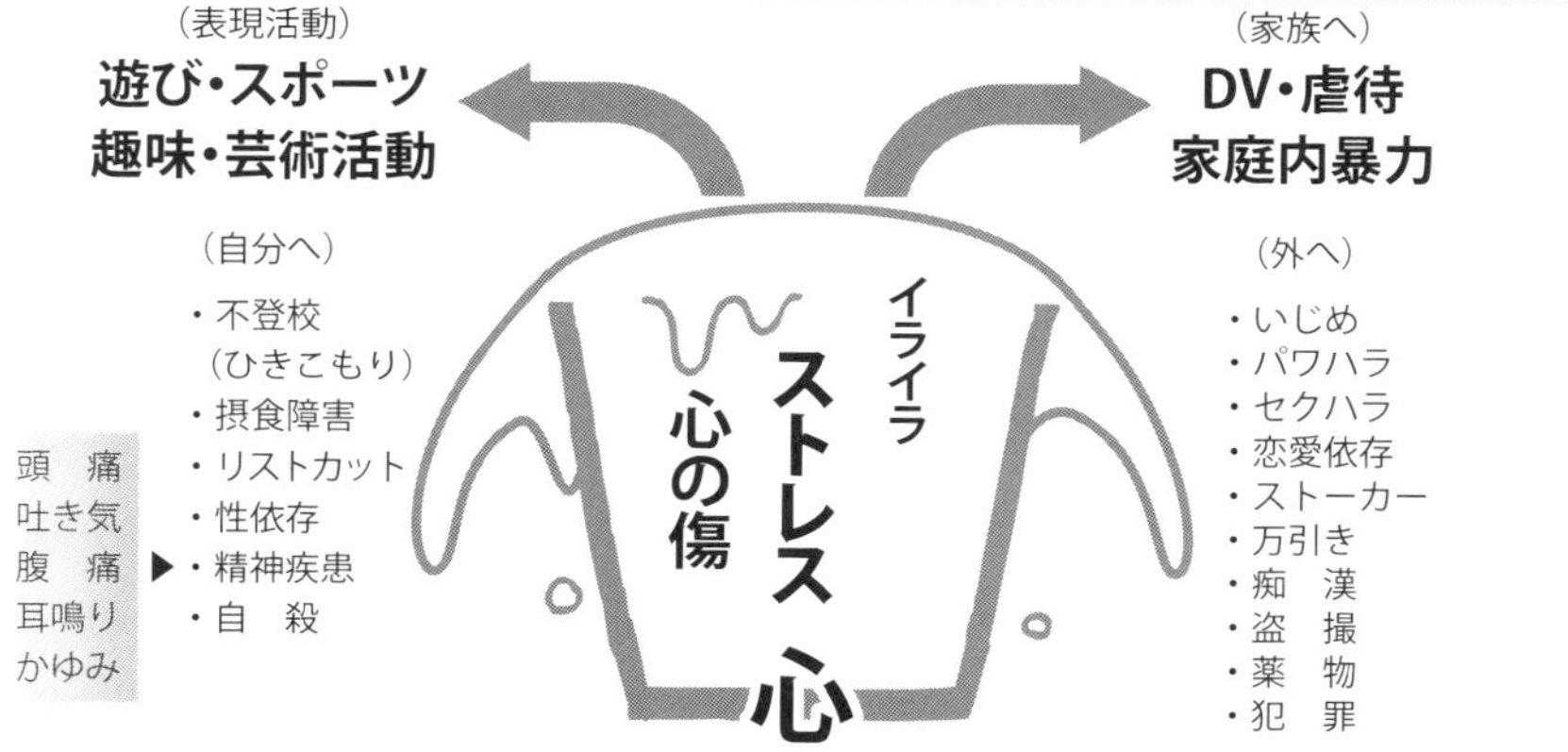

よいかについても述べてきた。

どういうことが心の傷となり、それがどういう形で表出されるかは、人によって実にさまざまである。カウンセリングルームに来るさまざまに生き辛さを抱えた人たちを見ると、そのほとんどが大なり小なり心の傷を抱えている人たちであることがわかる。そしてその表れ方も人それぞれである。私はそれを次のように見ている。

人の心は、コップと似たところがある。その心のコップに心の傷やさまざまなストレスが積み重なり、持ちこたえられないほどに一杯になっていくと、ちょっとしたことをきっかけにマイナスの感情があふれ出てしまう（心のコップ図を参照）。

ある人の場合は犯罪という形で出、ある人の場合は自分で抱え込み精神疾患という形で出、またある人の場合はＤＶや虐待や家庭内暴力として出るのである。また一部の才能ある人や機会に恵まれた人は芸術活動やスポーツ、趣味や遊びなどの形で発散し解消する。あふれ出る形は人によっていろいろなのである。

心の傷やストレスは、それが家族以外の他人や外に向かって出ればさまざまな犯罪という形を取って表われていく。いじめやパワハラなどもその一つである。

一方で、ストレスや心の傷の痛みを外の社会へ向けて出すのはよくないと思う人は、家庭で家族に向けて出したりする。家族はイライラや怒りを吐き出す受け皿にしやすいからでもある。またどこかで自分のイライラを受け止めてくれるだろう、という期待を持ってしまっているかもしれない。

家族の中で、パートナーに吐き出せばDVであり、子どもに向ければ虐待であり、親に向ければ家庭内暴力である。これらも皆、心の傷の痛みやさまざまなストレスの吐き出しの形である。もちろんよくない出方である。割合としては、男性は妻に向けて出すことが多く、女性は子どもに向けて出すことが多い。人は力の弱い方へ、弱い方へと出す傾向があるように思う。

外の社会的なものに向けるとそれは犯罪になるから駄目、家族に向けて出すのもよくないと判断した自制心の強い真面目な人、あるいは人を傷つけられない優しい人は、そのストレスを人に向けないで自分に向けていく。ひきこもり（不登校など）や摂食障害、リストカット、さまざまな不安症、あるいはうつ病など、さまざまな精神疾患がそうである。

一番いいのは、趣味や遊びやスポーツや芸術活動など人や自分を傷つけることなく楽しめる形で表出することであろう。しかし、これはそういうものがあるということを教えられたり、才能や、そういう場や機会を持てるだけの余裕がないと、なかなかできなかったりする。そういう形で表出できる人は、かなり恵まれている人とも言えるかもしれない。

ある事例をもとに考えてみたい。

事例の一つは、２０１１年に明らかになった「尼崎連続変死事件」である。

この事件は、兵庫県の尼崎市を中心に複数の家族が監禁や虐待され、保険金を掛けられるなどして殺害された連続殺人事件である。死者や行方不明者は10人以上にのぼり、被害者の正確な人数もはっきりわかってないというほどの事件であった。

この事件の主犯者は角田美代子という人物である。この人がいくつかの家族に言いがかりをつけては入り込み、手下を使って暴行を加え、暴力と脅しで人を支配し、保険金をかけては殺していったという恐ろしい事件であった。こんな事件が現代社会でも起こるというのは、大変な驚きであった。中には殺されて、ドラム缶にコンクリート詰めにされ、海に捨てられた人もいた。床下に埋められた人もいた。

主犯の角田美代子という人は、この事件が発覚し捕まるまではまるで女王のように振る舞い、人を支配し、我が物顔で振る舞っていたという。

しかし、いったん捕まり犯行が明らかになるにつれて、うつ的になり、「死にたい」「死にたい」と何度も言うようになり、ついには事件発覚から約1年後、獄中でシャツの袖を首に巻き付け自殺してしまったのである。

中学校時代の担任の教師に言わせると、彼女の父親は遊郭に入り浸りで家に帰って来ず、母親も放任主義で、両親からの愛情に恵まれていなかったという。「親の愛に飢えていた」というのだ。彼女はそういう心の傷を持っていたのである。彼女にとっては、人にとって最も大切なものの一つである「家庭」というものが、いわば存在しないに等しかったのである。

そういう心の傷の痛みから、彼女は家族の仲がよい家庭というものが許せなかったのではないだろうか。ある時から他人の家庭に入り込み、暴行を加えるなどして支配し、保険金をかけて殺したりして、他人の家庭を壊していったのである。そういう異様で激しい暴力の振るい方をしたのである。

しかしそうした行動が逮捕で閉ざされてしまうと、今度は一転、うつ病になり、自殺という形で自分を追い詰めていってしまったのである。

あるうつ病になった女性の例

女性K（20代）は、幼い頃から父親からのわけのわからない罵声や理不尽な命令や指示に悩まされてきた。父親が母親を怒鳴り、殴る場面もよく目にしてきたという。自分に対しても、否定的なことをよく言われ、殴られたりすることもあった。だからテストでよい点を取ることが文句を言われない唯一の方法と思い、とにかく勉強は頑張ったという。

父親の言動に反発したり、少しでも口答えしたりすると、それに対しての父親からの罵声が何時間も続くので、ある時から言い返すことや自分の思いを表明することを全くしなくなった。

自分は父親のように怒鳴ったり、手を上げたりすることは絶対しないと肝に銘じてきたので、人に対して乱暴な言動をすることはほとんどなかったという。

そうして難関の大学を卒業し、県内有数の企業にかなりの倍率の試験を突破して就職したが、仕事をするようになってから、大きな不安に襲われるようになった。

気持ちが落ち込み、やる気が全く出ない。自分は生きていていいのか、ここで仕事をしていていいのか、自分のすることに全く自信を持てず、不安感に襲われるというのだ。「積極的に死にたいというわけでもないが、生きていたくもない。生きていることが辛い」と言う。目もうつろで、気力はなく、まさにうつ的な状態であった。

聡明でもあり、高学歴でもあり、大企業に就職もできて、私には大変恵まれた能力の持ち主と思われたこのような人でも、こんなにも自分に自信が持てずに、生きることに不安を抱えるんだなと驚いた。

この女性の場合、自分が親からどんなに否定的なことを言われてきたか、それがまたどんなに根拠のない理不尽なものであったか、また父親から母親に対する暴言暴力も、それはDVであって、たとえ夫婦間であっても許されるものではないということ、問題は父親の方にあるということなどを整理していく中で、少しずつ自分に対する自信も持てるようになり、元気を回復していくことができたのである。

心に溜め込んだ負の感情を、外には出さずに自分で抱え込んでいくと、このように「うつ」的な症状になって表れていくことがあるのである。

このように、心の傷の痛みはいろいろな形を取って表出する。ある人たちは外に向けて吐き出し、さまざまな犯罪行為という形を取る。外に向けて出さない人は、自分で抱え込み、さまざまな精神疾患やそれに近い症状という形で表出する。外に出すと犯罪になるからだめだし、自分で抱え込むのも嫌だという人は、身近な家族を受け皿にし、家族の上に吐き出していく。それが夫婦間やカップル間であればDVであり、子どもに向けて出せば虐待であり、子どもが親に向けて出せば、家庭内暴力である。心の傷の痛みなどのマイナスの感情は、人によってさまざまな形で表に出るのである。

カウンセリングが進み、DV加害者が変わっていく過程で、DV行為がなくなる代わりにうつ的になることがしばしばみられる。今まで外に向けていた負の感情を、自分に向けるようになったからである。私はこれを、DV行動が改善してきた兆しとして受け止めている。

心に傷を持てば全員が以上のような形を取るというわけではない。遊びや趣味や芸術活動やスポーツ、さまざまな社会活動などという形で出る場合もある。あるいは他の人に話を聴いてもらって吐き出す人もいるだろう。心の傷やストレスをそのような形で出す方法もある。しかしそういう形での解消・解決の方法は、そういう方法があることを育ちの中で教えてもらったり、あるいは生活に余裕がないと、なかなかできなかったりする。

そこで教育プログラムの中で、心の傷やストレスの解消・解決の仕方がさまざまあることを知ってもらい、さまざまな解消・解決の仕方を学び直してもらうのである。本来は、育ちの中で身につけていってほしいことを、カウンセリングの中で、学び直し、身につけてもらうのである。

第7章 DV加害行為の克服に向けて

DV加害者カウンセリングの道筋　～いかにして怒りを克服するか～

生い立ちの中で、暴力的な状況を目の当たりにしたり、自分が直接暴力を受けたりすることによって心を痛めた時に、その痛みをすぐにその場で表現できて解決すれば、それはそれほどに心に残ることもなく、傷にもならず、忘れ去られていくかもしれない。しかし、幼い頃や子どもの頃は、おとなの作り出す暴力的な状況には、ほとんど無力で、抵抗や反抗もできず、なすすべがなかったりする。

例えば、2017年に虐待を受けたとして児童相談所が対応した18歳未満の子どもの数は、13万3778人である。これだけの子どもが暴力的なものを受けてきたということである。児童相談所が把握していない、家庭の密室に留まるものも多いだろうから、実際に暴力的なものを受けている子どもの数は、この何倍にもなるであろう。

第４章で紹介したＤＶ加害者の正夫さんは、次のような雰囲気の中で育ってきたのである。

母親いわく、

「夫は息子に暴力を振るい始めると、かなり激しく、息子は顔が腫れ上がったり、口の中から血が流れたりしていました。私も止められませんでした。そういうことが20歳過ぎてもありました。息子は無抵抗で、されるがままにしていました。

我が家は父親が絶対、父親の機嫌一つで我が家の一日が決まるのです……」

それでもこの場合、虐待ということで認知され、通告や指導を受けたわけではないのだ。たぶん親のしつけや指導ということでまかり通ってきたのである。虐待として挙げられた数の背後には、虐待としては認知されない虐待的な状況が大きく広がってるとも言えるのである。日本はまだまだ体罰容認社会なのである。

そういう暴力的なものを受けたり見たりした中で育った人が大きくなっていくと、そのうちの何割かの人は、その暴力的なものを自分でも意識しないままに、発揮する人になるであろう。虐待を、「おとなから強い圧迫を受けること」と広義でとらえるとすると、**「ＤＶ加害者とは、虐待を受けて育った子**

ども成長した姿」とも言えるのだ。

その虐待的な扱いを受けたことの心の痛みが、怒りとなって表出するのである。

ではDV加害者は、どのようにしてそのDVを克服し、更生していったらいいか、カウンセリングはどこまで加害者の更生を可能にするだろうか。私はDV加害者への対応について、いろいろなところで学び、DV加害者の更生に効果的と思われるものはどしどし取り入れ、DV加害者カウンセリングとして作り上げてきた。

ではDV加害者への更生に向けてのカウンセリングは、実際にどのようにして行っていくか、その道筋について述べてみたい。

DV加害者カウンセリングでやることは、大きく分けると次の3つである。

第1ステージ「自分の言動が暴力であったということを認識する」
第2ステージ「怒りの克服（「心の傷」の克服）」
第3ステージ「柔らかい人間関係作りに向けての考え方や対応方法を身につける」

第1ステージ「自分の言動が暴力であったということを認識する」

ＤＶ加害者は、自分がパートナーにしてきたことが暴力である、ということの認識が薄いことが多い。特にそれが肉体的な暴力ではなくて、言葉や精神的な暴力であったりすると、余計に認識されにくくなってしまう。ましてや怒りのきっかけが相手にあると思っている場合は、さらに認識しにくかったりする。また、幼少年期に親やおとなから厳しい暴力的な言動を受け、それを「しつけや指導であって、自分が悪かったからしかたのなかったこと」と考えている場合は、今自分がしているパートナーや子どもへの言動が、暴力的なものであるという認識が持てなかったりすることがある。自分が受けてきたものはこんなものではなかった、こんなことくらいで暴力と言うな、ＤＶと言うな、というわけである。

しかし、自分のしたことが暴力であったという、ここがわからなければＤＶ克服の出発点にすら立てないことになってしまう。自分の言動が暴力であること、相手にダメージを与えているＤＶであるということ、そのことを認識することから、ＤＶ克服への第一歩が始まるとも言える。

自分の言動が暴力的であること、ＤＶになってしまっていること、でもそれをなかなか自分の力で抑えることができないなどということがわかっている人の場合は、比較的克服しやすかったりもするし、真剣になんとかしようとするのである。

ところが「パートナーが出て行ったので……」とか、「パートナーからＤＶだと言われ、カウンセリングを受けるように言われたので……」「パートナーから離婚調停を起こされたので……」などということで、しぶしぶカウンセリングを受けに来た人や、悪いのは自分ではなく相手の方と思っている人は、なかなかカウンセリングをしても効果が上がっていかなかったりする。こうしたことは加害者が、男性であるか、女性であるかを問わない。

何がDVで何がDVでないか、判断しにくかったりすることもあるが、少なくとも、された当の本人が相手の言動に圧迫感を持ったり、苦しかったり、怖さを感じたりすれば、それはDVである。問題は、被害を受けている方がどう感じたかである。言われて、されて、苦しかったか、苦しくなかったか、あるは怖かったか、怖くなかったか。加害者がどういうつもりだったかではない、された方（言われた方、暴力を受けた方）がどう感じたかである。加害者の方は、悪いことをしているとは思っていないからこそしているわけなので、自分の言動がどれだけ相手に脅威を与えているか、なかなかわからなかったりする。

DV加害者が、自分の言動をどこまで暴力と認識できるか、被害者の言葉をどこまできちんと受け止めて、自分の行為を振り返ることができるか、それはその後の進展に関わるとても大きなことである。

怒鳴られたりすることがよくある中で育ってきた人は、それが普通、それが当たり前のことだと思っているので、怒鳴ったり、怒鳴られたりすることがごく普通のことのようにできてしまったりする。殴られたりすることが多い中で育ったり、家族間の暴力がひんぱんにある中で育った人は、殴ることが抵抗なくできたりする。

「死ね」とか、「ぶっ殺す」とか、「なめてんのか」とか、「てめえ」とか、という言葉が日常的にある中で生活してきた人は、そういう言葉を抵抗なく使えたりする。

それまでの生活環境の中で、当たり前のようにあったことを、どう暴力として認識していくか、これは暴力を断ち切るためにとても大切なことである。

私のカウンセリングルームでは、暴力の種類や形態について確認する表があり、まずはそれで確認していくもらうことになっている。項目は「精神的な暴力」「肉体的な暴力」など、一般的によく使われているものである。

加害者にチェックしてもらうことはもちろんであるが、被害者の方にもチェックしてもらうと、加害者と被害者とでは、あったはずの暴力についての認識に歴然とした差があることも多い。要するに加害者は、自分の加害行為＝暴力行為に対して、過小評価し、それほど自覚がなかったりするのである。加害者にとっては、暴力的な言動が頻繁にある中で育ってきたりした場合、「強い言動＝ＤＶ」と認識することにとても大きな抵抗があるのである。

一つ、特に取り上げておきたい暴力がある。それは、「正論を相手に向かって長時間にわたって話し続ける」という暴力である。これはいわばパワハラやモラハラにも分類されるものである。

ＤＶ加害者の特徴として、「自分は正しい、間違っていない」という思いが強いため、自分が正しいと思うことを、くどくどとしゃべり続けることがある。こういういわば「言葉責め」が相手をどんなに苦しい思いにさせるものか、言う方は全く気づいていないことが多い。自分は正しいことを言っているのだから、相手がそれをしっかり受け入れるまでは話し続けるのは何も悪いことではないという思いであろう。中には夜中の12時前から、次の日の明け方近くまで説教が続いたという例もある。ここでは、正論を長々と聞かされる相手方の気持ちは、何もわかっていない。それが相手への暴力だということが何もわかっていないのである。自分は相手のために、正しいことを説明してやっているくらいに思っているのである。

こうしたことをする人は、大体子ども時代に、親やおとなから厳しいしつけを受けたり、正論を長々と、あるいはくどくどと聞かされて育ってきたことが多い。それを受け止めてきたからこそ、今の頑張れている自分があると思っているので、全く悪いことをしてるとは思わないのである。しかも肉体的な暴力を振るっているわけではないので、余計に悪いことをしてるという意識はない。

このような暴力も含め、暴力についての認識を深めていく作業は、次のステージの「トラウマ克服のカウンセリング」と並行して行っていったりもする。生い立ちについて振り返ることで、自分がされてきたこともまた暴力であり、あるいは虐待とも言えるものであるということに気づくことは、暴力というものについての認識を新たにする上で、とても大きな意義を持つのである。

自分のしてきたことを暴力とは考えなかった人が、自分が親やおとなから受けた長い説教や体罰や折檻がどんなに嫌で辛いものであったか、その時の心情を思い出すことで、自分のしたことが相手にどんな思いをさせたか、初めて気づいたりもするのである。

足を踏んでも相手の痛さはなかなか理解できないが、足を踏まれた時を思い出すと、足を踏まれた方はどんな気持ちでいたかが、なんとかわかったりする。それと同じである。

自分がしてきたことが、相手にとっては暴力であったと認識することは、自分がこれまでよしとしてきたことをひっくり返すことでもあるので、とても大きな関門でもあるのだ。しかし、この関門を通過しないことには、なかなか次へは進めないのである。

DVの克服には、この「自分がしてきたことが、相手にとっては暴力であったということを認識すること」が出発点でもある。だからこの認識を持てない人には、DVを克服することは困難である。たぶんパートナーが出ていったことや離婚を求めてきたことも、全てを相手のせいにして、恨み続けたり、憎み続けたりすることになってしまうだろうと思う。自分を振り返れない人には、DV克服は不可能である。

なぜここまで自分の言動が暴力であったと認められないかというと、これまでの育ちの中で否定されることが多く、そのため防衛心も強く、だからたとえ事態打開のために自分の問題点に向き合うことが必要であったとしても、それが怖くてできないのである。自分の非を少しでも認めたら、全てが終わりになってしまうと考えたりする。それほどに警戒心が強いともいえる。またこういう人は、自分の言動がDVであるとかモラル・ハラスメントであるとかを絶対に認めず、大体相手の精神疾患などのせいにして、相手の方がおかしいのだ、まともな私は一生懸命に努力してきたんだと、相手の訴えや主張を否定していくのである。こういう考えから抜け出せない人に、DVの克服は困難である。

第2ステージ「怒りの克服（「心の傷」の克服）」

前のところで私は、ＤＶ加害者というのは、「怒りを心に閉じ込めてきた人」というように言い表したが、生い立ちの中で、暴力的なものを受けたり、間近で見たりしてできた心の傷の痛みを、身近な人へ怒りや支配として表現しているのが、ＤＶ加害者である。だから加害者の更生においては、まず手始めにやらなければならないことは、心の中に閉じ込めてきた怒りを吐き出すことである。

前の方で私は、カウンセリングの原則を表すものとして、「がまんした感情を吐き出すことで、道は開ける」（長谷川泰三氏）という言葉を紹介したが、怒りの克服・「心の傷」の克服においても、まさにこれが必要である。

自分の心の中にある感情を思い切り吐き出すことで、心の中に深く秘めていた怒りが少しずつ外に出、解消され、それによって少しずつ気持ちが静まり、楽になり、穏やかになり、前に向かって進んでいけるようになるのである。

では、その人の中の怒りの感情を思い切り吐き出す方法としてどのようにやるかといえば、やり方としては主に次の４つである。

①　話をじっくり聴く

② 親や自分を傷つけた人と直接対決する
③ 思いや心に溜まったことをノートなどに書く
④ 「エンプティ・チェア法」（ゲシュタルト療法）の活用

ではこの4つをそれぞれ説明していきたい。

① 話をじっくり聴く

カウンセリングでまずすることは、相談者の話をしっかり聴くことである。「傾聴、受容、共感」という言葉があるが、これはカウンセリングの基本である。これをすることで、話し手（相談者）はかなりスッキリした気持ちになったりするし、充分聴くことで、聴き手（カウンセラー）との間に信頼関係ができていく。

話をじっくり聴いていくと、その人がこれまでにどんな歩みをしてきたか、どんなことで怒り、どんなことに迷ったり悩んだりしてきたかなどが、少しずつ明らかになってきたりする。そして、自分がパートナーにしてきたことと同じようなことを、自分もまた親や身近なおとなからされてきたり、間近に見てきたということが思い出されてくることも多い。それが出てくれれば、そこから相談者が自分の中の意識せずにいた心の傷に気づき、またその傷の影響を受け、大きく振り回されてきたことに気づいたりしていくのである。

しかし、話を聴くだけでは心の奥に閉じ込められていたものはなかなか出てこない場合もある。相手（パートナー）批判や自己弁護だけで終始する人もいる。

そういう場合は、質問票や絵画療法（浅利式絵画診断法＊）を使うことで、深層心理を探ったりする。そしてそれらをもとに話を聴いていくと、今まで気づかずにいた心の傷が浮かび上がってきたりするのである。それは自分のしていたことの原型が、大抵生い立ちの経験の中にあるということである。

話をじっくり聴いていくことで、なぜパートナーに暴力を振るってしまうのか、自分がパートナーにした暴力的なところは、実は自分の親が自分にしてきた言動にそっくりであったりすることに気づいたりする。また、そういう親の態度・言動に、自分も散々嫌な思いをしてきたということに気づいたりする。自分はそういうことはしないおとなになろうと心に決めてきたはずなのに、結局は同じことをしてしまっているというわけである。

また自分の怒りやすいところやDV的なところを、「自分の持って生まれた性格で……」とか、「親譲りの気の短さで……」とか、「遺伝で……」とか、「親からのDNAで……」とかという言葉で合理化し、自分を納得させてきたことも見えてきたりする。これまでは自分の暴力的なところを、親や身近なおとなから暴力的なことをされてきたからとか、間近で暴力を見聞きし

（＊）：浅利式絵画診断法
小学校中学校の元美術教師であった浅利篤氏が、1950 年に発見・開発した絵画による心身情報の診断法で、特に家族関係を読み解くのに効果的である。現在は、神奈川県の日本児童画研究会がその理論を伝えている。

てきたために何年もかけて暴力的なものを自分の身に染み込ませてしまったとは、ほとんど考えてこなかったのである。つまり自分のＤＶ行動を、自分の性格や持って生まれてきたものだと思い込んでいた人も多い。例えば「自分は外での顔と、家で家族に見せる顔と違うので、自分のことを二重人格者だと思ってきました」と自分の持って生まれた性格のせいだと思い込んできたという人もいるのである。

人は言葉を身につける時期や年代に、言葉ばかりではなく、態度や行動の仕方も親や周りのおとなから学び、身につけていくのである。人は母国語を身につける時に、親や周りのおとなから単語や文法だけを教えられて、身につけていくわけではない。一緒に生活していく中で、いろいろな言葉や態度を浴びせられ、聞かせられることで、言葉や言葉使いや態度や行動の仕方を身につけていくのである。優しい態度や言動をしてもらえば優しい接し方を身につけ、ＤＶ的な対応をされれば、ＤＶ的な態度の取り方を身につけていく。大体言葉を覚える時期（0歳から9歳頃の間と考えられる）に、言葉使いと共に、態度や行動のし方も身につけていくのである。言葉がそうであるように、ＤＶ的な言動は生まれ持って身につけてきたものではない。生まれた後に、環境の影響を受けて身につけていったものである。

例えば「死ね！」とか、「ばかやろう！」「なにやってんだ！」とか、「使えねえ！」とか、「オレのことなめてんのかー！」とか、こうした乱暴な言葉を平気で使う人と、使わない人がいる。そういう言葉を子どもの頃から浴びて身につけていけば、自分の記憶の中にインプットされて、頭の中の辞書に書き込まれ、そういう言葉を使う人になっていく。しかし、そういう言葉を言われてこない人は、そういう言葉を日本語としては理解できても、自分が使う言葉としては、頭の中にないのである。

ＤＶ的な言動や態度を取る人に、いつそういう言葉を覚えたか、いつそういう言葉使いや行動の仕方を身につけたと思うかを聞いていくと、ほとんどの人が生い立ちの中で、育っていく中で、あの家庭環境の中で親や周りのおとなを手本にして身につけていったということに気づいていくのである。

あるＤＶ加害者は次のように言う。

「我が家では、父から母へ、母から子へ、怒鳴ったり、手を上げて怒ったりということが普通に起こっていた。ちょっとのことで怒鳴ったりすることは普通のことで、異常なこととか、ひどいこととか全く思っていなかった。だから怒鳴る、手を上げるなどということは、私にとってはごく普通の当たり前のことでした」

育ちの中で、親や周りのおとなからの影響で、ＤＶ的なことをするようになったのだと気がつくと、少しずつその影響を脱することもできるようになる。いわばＤＶの克服は、そこから出発すると言ってもいいかもしれない。

話を聴き、吟味していく中で、乱暴な言葉はおかしいんだ、他人に言ってはいけないような言葉は、身近な人にも言ってはいけないんだ、ということがわかっていくと、徐々に自分が何の影響をを受けてＤＶ的な言動をするようになっていったかが、見えてきたりする。親や周りの身近なおとなたちの言動を無意識のうちに取り込み、繰り返していたということがわかると、「そうだったんだー」と驚き愕然とする人も多い。中には、涙を流す人もいる。

自分のＤＶ的な言動を、パートナーの落ち度やよくない態度のせいと考えていたり、逆に自分の持って生まれた性格や性質のせいと考えていた人たちにとっては、自分の育ってきた環境の影響なんだということがわかると、それはとても大きなショックでもあるのである。

そして、自分の家の中で乱暴な言動が代々連綿と続いてきていたことや、自分も知らず知らずのうちに染まってしまっていたことに気づき、それはよくないことで、自分の代で終わらせなければならないことに気づくこと。そのようにしっかり認識しなければ、またそれ以後も続いていってしまうことになるということなのである。

話をじっくり聴く中で、以上のようなことが認識できていくことがある。そういうことを通じて自分の怒りの元がどこから来たものかに気づき、認識できていくと、少しずつ怒りの矛先が変わったり、また自分の怒りが客観的に見られるようになり、少しずつコントロールできるようになったりするのである。

しかし、中には親やかつて関わった周りのおとなをマイナスに見ることにはとても抵抗があり、自分に暴力を振るってきた親であっても、それは自分のせいであり、悪いことをした自分のためにしてくれたことであり、それは親として当然なことであって、決して悪いことではないんだ、と信じて疑わない人もいる。どんな親であれ、「親を悪く思いたくない」「親を憎むなんてことはしたくないし、すべきではない」、「親のせいじゃない」と言い張り、親からされたことの影響によって今の自分のＤＶがあるんだ、ということを断じて認めたがらない人もいる。

また同様に、自分のＤＶを親からの影響のせいにすることを、潔しとしない人もいて、自分のＤＶ行為を自分の性格や生まれ持ってのものだと思い込んでいる人も多い。そういう人に限って、妻や恋人を叩いた時に、妻のせいにしたり、相手のせいにしたりする傾向も強かったりする。まるで子どもの時に自分が叩かれたのは、自分が悪かったからだと思い込んできたように……。この思い込みが強い人は、なかなか変わりにくかったりする。叩かれたり、怒鳴られたりするのは、された方に非があり、やむを得ない暴力だったからと考える呪縛からなかなか解放されないからである。

②　親や自分を傷つけた人と直接対決する

話をじっくり聴いていく中で、自分がどういうものに影響を受け、どうして今の状況に至ったかがわかってくるにつれて、自分を傷つけ、自分を苦しめてきたものの正体が明確になってくる。そうすると、次に必要になってくるのは、自分を苦しめてきた人と対決し、これまで我慢し、溜め込んできた感情を吐き出し、ぶつけ、スッキリすることである。それをしないと傷つけられてきたことの怒りと感情は、ずっと心の中に残り続け、怒りのマグマとなって、何かの拍子にまた外にあふれ出てきてしまうことになる。

自分のＤＶ行為が親や周りのおとなからの影響によるものということに気づいた時、その影響を断ち切る最もよい方法は、自分を傷つけた人と直接対決することである。

自分を傷つけた人と直に向き合い、かって暴言暴力を浴びせられたり、束縛されたりした時に、どんなに苦しかったか、どんなに嫌だったか、その思いをしっかりと吐露することであり、相手にはっきり言うことである。「これまで、自分がどんなに苦しい思いをし、どんなに辛かったか」、この思いをしっかりと相手にぶつけ、吐き出してこそ、心の中に溜め込んでいた傷の痛みから解放され、怒りのもとがなくなっていくのである。

しかしこの直接対決ということは、決して容易なことではなく、とても大変なことなのである。その人と離れている時は怒りや憎しみがフツフツと湧いてきても、いざその人を前にすると、長年恐怖を感じおびえてきた人だけに、まるで蛇ににらまれた蛙のように委縮してしまったりする。

しかしその怖さを超えて、なんとか頑張って親と直接対決した人もいる。

一例を紹介したい。悠子さん（仮名）（20代後半）である。

夫にＤＶ加害行為をしてきた人である。夫はとても優しい人であるのに、悠子さんは時々ささいなことで夫に怒りを爆発させてしまうのであった。夫のすることでちょっとでも気に入らないと、激しく文句を言ったり、物を投げつけたり、げんこつで殴ったりしてしまうのであった。

朝の苦手な悠子さんがまだ寝ている時に、夫が出勤のために着替えていると、その音がうるさいと激しく怒ったり、帰宅が予定の時刻より少しでも遅れると立たせたまま長々と説教したり、休日に夫の作った料理がまずいと言ってごみ箱に捨ててしまったり……。

なぜか夫を責めて責めて責めたくなってしまう時があるというのだ。

ある時にさすがの夫も我慢ならず、大きな夫婦げんかになり、夫が実家に帰ってしまった。そして離婚に向けた話が進んでいった。

離婚する気のない悠子さんは、このままでは離婚になってしまうとあわて、インターネットで私のカウンセリングルームを探し出し、来ることになったのである。

カウンセリングを進めていく中でわかってきたことは、彼女の怒りの根っこにあるものは、自分を虐待するように扱ってきた母親への怒りだった。彼女の怒りのもとには、母親への怒りがあったのである。

カウンセリングの中で悠子さんが話すに、母親は長女の悠子さんにだけ厳しく、暴力的だったという。3人きょうだいの中で、姉の自分にだけ厳しく、弟や妹はほとんど叱られたことがなかった。しかも母親が叱るのは、父がいない時に限られていたので、父親はほとんど気がつかなかったのである。

朝、父親の出勤を見送ると、母親の顔つきがくるっと変わった。彼女はよくすす払いの棒で叩かれたり、押し入れに閉じ込められたりしたという。一番怖いのは、直接叩かれることだったという。ある時、体操用のショートパンツのポケットにティッシュの包みを入れたまま洗濯に出してしまい、洗濯物に水に溶けた紙がたくさんついてしまった時は、鼻血が出るまで叩かれたという。冬の寒い日に風呂場で、頭から水をかけられたこともあった。

彼女は、「3人きょうだいの中で、自分にだけ厳しいので、自分の本当の父親と母親は別のところにいて、目の前の親は本当の親ではないと思ってきた」と言うのだった。

母親は今でも怖いし、だから怖い母親には絶対に文句は言えないという。

しかしカウンセリングをする中で、怒りの根っこに母親があり、母親に対する怒りが夫に向けられているということがわかってきたので、まずは母親に対して思ったことを言ってみる練習を、カウンセリングの場でしてみたのである。

「エンプティ・チェア」と言って、目の前の椅子に置いたクッションを母親に見立て、実際だったら言えない本音を、母親に見立てたクッションに言ってみるのである。そうして練習してみると、徐々に言えるようになっていくのである。練習することで、言いたいことを整理し、少しずつ言えるようになっていくのである。その練習を何度かしてみた。

ある時これからのことを相談しようと自分の実家に帰り、母親と話をしていた時に、「自分が怒りっぽいのはお母さんに怒られ過ぎたからだ」ということを、思い切って言ったところ、母親がいつも通り否定してきたので、さらに強い口調で「そうじゃない、あんたのせいだ！」と言ったところ、母親が一瞬ひるんだという。それを見て彼女は、これなら言えるかもしれないと思い、これまでの不満を強く言ってみたところ、母親は何も反撃してこず、悲しそうな顔をしたという。それは彼女にとって大きな驚きで、「なんだ言えるじゃん！」と思ったという。

その日を境に、これまで母親に言いたかったが言えずに溜め込んできた怒りが爆発的に出るようになったという。直接の言葉で、あるいはメールで、母親を罵るような内容をぶつけていったのである。10数年目にしてやっと来た反抗期のように……。そのくらいこの女性にとって、母親に思ったことを言うことは、ハードルが高かったのである。

母親に自分の気持ちを思い切りぶつけたら、気持ちがとても楽になり、「景色が変わった」という。目の前のかすみが取れたような気分で、「世の中って、こんなにも明るかったんだー」と思ったという（心の中のわだかまりが取れると、こうした感想を持つ人が多い）。

そして母親に怒りをぶつけて思ったことは、「母親にぶつけたイライラは、これまで夫にぶつけたものと全く同じものだった！」と言う。そしてさらに続けて言うには、「母親にはっきり言えるようになってから、明らかに夫に対しても態度が変わってきた気がする。カッとならないで言える。もしくは、言わないでも我慢できるようになった。彼と自分との間に、いい意味で距離感を持てるようになった。怒りをぶつける気にならなくなった」と言うのだった。

こうして、悠子さんはＤＶを克服していったのである。別居中は週末だけ会っていた2人は、再び同居するようになり、やがて自分たちの家も建て、そして子どももできたのであった。

このように、親の影響で自分のＤＶ行為があったんだということに気づき、親と直接対決することで、パートナーへの怒りを克服していくというやり方は、かなり効果的といえる。

しかし、このように直接親と対決していくという例は実は少ない。多くの場合、「そこまでは！」と言って、避けるのである。あるいは、親も今は優しくなっているので、今さらあれこれと文句を言いたくない、という人も多い。

では、親と直接対決できない場合はどうするか、それが以下の③と④である。

③　思いや心に溜まったことをノートなどに書く

書くということは、話すことと同じくらい心の中のものを吐き出したり、整理したりするうえで効果がある場合がある。自分の思いを正直に本音でどんどん書くことで吐き出しの効果があるし、書いたものを改めて自分で読むことで、自分の抱えてきた思いを客観的に見ることにもつながる。心に溜め込んできたマイナスな感情や思いは、いわば毒素と一緒なので、書くことで、その毒素がどんどん外へ出て行くのである。書くことは思いのほか効果的である。ただし、あくまでも本音を書くことである。

「ロールレタリング」というものがあるが、それも心の内を書かせるものである。しかし私が書くように勧めるのは、「相手の気持ちになって……」とか、「相手に謝罪する気持ちで……」というものよりも、まずは自分の正直な思いをありのままに書くことである。

読まれること、見られることを意識して、本音でないことを書いても意味はない。人に読ませない、見せないことを念頭に、あくまでも自分の思いを本音で書いてみるのである。

一人の青年の例を紹介しよう。この青年（男性）は、かつて自分に暴言暴力をふるってきた両親に、次のような文章をいくつか書いて心の中で決別し、自立していった。


「本当に信じられない。それでも人の親か？　最低だよ、あんたたちは。

自分の子どもの行く末すらも知ろうとしないなんて、最低だ。

家族がバラバラなんだよ、それもお前らがちゃんとしてないからなんだよ。

本当に自業自得だし、家族だから一つになろうなんて、考えたこともないんだろう。

本当に臆病だな。

家族を幸せにすらできないなんて、生きている価値がお前らにはないんだよ。

俺の友人たちは、うまく社会で生きられなくても、家族を幸せにしようと自分なりにできることを、もがきながらやっている。

お前らはそれもできないから、最低だよ、最低。

だから金だけ残して、早く死ね！

お母さんは、自分の親を許したって言ってるけど、病気の症状が良くないってことは、許していないんだよ。

許したってことにして、無難にやり過ごそうとしてるだけだよ。

くそ親父もくそ親父だ。自分の妻があんなに体調悪そうでも、俺と向き合うのをビビッて、いつまでも単身赴任を続けているんだからな。

家族にビビッて、仕事ばかりやってんだろう。そして、仕事疲れを気遣えない家族にまた八つ当たりするんだろう。お前は本当に、自分に都合のいいふうにしか家族を使えないんだな。

お前（父親）は昔俺に、お前は金がいる時しか頼ってはこない、とかほざいていたらしいけど、お前にお金以外の何を頼れっていうの。頼ったら頼ったで、自分が責任を負うことから逃げるくせに……。

布団叩きで執拗に追い回して、何回も何回も叩いて叩いて……、それを家の外でやったら犯罪だよ！

それを、何度言ってもわからなきゃ叩かなきゃならない時もあるだの……、じゃあ外で他人を殴ったり、叩かなきゃいけない時もあるんですか？　ないですよね、やっぱり犯罪だよね、それ。

くそじじいとくそばばあ、おめらは何を見て子育てしてきたんだ？　周りの目か？　親にへつらう子どもの姿か？　もっと自分と向き合えよ。

ぶっ殺してやるよ、お前らは親ぶっても、なんにも親じゃねじゃねえか。コントロールできる人形を得て、嬉しいか？　あ？　ふざけんな、てめえらが人間のクズだよ。死ね死ね死ね死ね！

なんでもかんでも自分の思い通りになると思うなよ、思い通りにならないと、いろんな暴力を使って俺をコントロールしようとするのはやめろ。

夜遅いと、玄関で待つだと？　俺には俺の人生があって、好きなことをやりたいだけなんだよ。なんでお前らに好きにならなきゃいけないことまで、決められなきゃなんねぇんだよ、ふざけんな、その醜い言動を鏡の前でやってみろ、お前ら自身が死にたくなるだろう。

都合のいい時ばっかり、私は息子を守っています、みたいな顔すんのやめろ、お前ら自身が俺を傷つけてんだから、お前らには他人をとやかく言う資格はねえんだよ。そもそも俺がいじめられたのは、お前らが俺の感情を封じ込めたから、他人にものごとをはっきり言えなくなったからじゃねえか！　お前らのせいなのに、他人に責任転嫁してんじゃねえよ。それで、自分たちの立場が悪くなったと思えば、今度はお前が悪いんだと、罪の十字架を俺に背負わせようとしてんじゃん。お前らが守りたいのはなんなんだよ。子どもじゃなくて、自分たちだけだろう。

お前らのせいでめちゃくちゃなのに、その責任は取れねえって？　その責任は俺のせいだって？　ふざけんな、たこ！

お前らはなにがなんでも自分だけを守りたいんだ、それならさっさと死ねよ！　早くこの世から消えて、二度と俺の記憶にも俺の前にも現れるな。

お前らは、そのままで一生を終えて、のたれ死ね！

お前らを殺してやりたいよ。こんなに無責任で、弱くて、立ち向かおうともしない、勇気のかけらもない人間にはなりたくない、もうお前らでたくさんなんだよ。

死ね、くそばばあ、死ね、くそじじい。本当にきょうも願ってるんだよ、早く死んでくれってな。くそったれ、くそったれ、くそったれ。お前らのせいだ、お前らの無責任が、全てを招いたんだ。くそじじいよ、はよ死ね。くそばばあも、はよ死ね。お前ら脳みそ腐ってるんだよ、この野郎。さっさと死ね、死ね、死ね、死ね、死ね、死ね！

なんでもかんでも罵る、相手を蔑む言葉をぶつけて、言われた人がどんだけ傷ついたか考えたことないの？　自分以外がどんだけ傷ついても知らんふりなんて、最低、最低の人間はお前たち二人だ。地獄に堕ちて、心から反省して行動を改めて、俺に土下座しろ。

頼むからもう死んでくれ！　俺の人生にはもう関わらないでくれ。お前らに囚われたまま生きるのはしんどくてしんどくてしょうがないんだよ。死なないのなら、覚悟を決めて変われよ。変わる覚悟もないのに、外面だけ親のふりしてんなよ、人間の屑が！　お前らの方が、よっぽど、人間の屑だよ！

死ね死ね死ね死ね死ね死ね死ね死ね。

親になんて口をきくんだと言うけど、お前は子どもになんて口をきくんだよ。自分がされて嫌だったことは人にもするなよ、たこ。

自分が親にされて嫌だったことを、なんで学習しないでそのまま自分の子どもにするんだよ。学習する脳みそがないのかよ。少しは自分の心と向かい合ってみろよ、たこ、まじで一回さっさと死ね。

偽善者！　偽善者！　偽善者！　父親が俺にしたことを俺が父親にしただけなのに、なんで父親のお前は被害者面が許されて、俺は被害者面が許されないんだ。

父親を絞め殺して、母親を八つ裂きの拷問にかけて口に石を詰めて二度とその減らず口を叩けないようにしてやる。最後はごみ焼却場に投げ込んで、灰になって消えろ消えろ消えちまえ。金だけ残して俺の前から消え失せろ！」……以下略

この文章は、実際には親に向けて出したわけではない。私に見せてくれただけである。実際には出さなくても、書くということが大切なのである。どんなことでもいい、どんな内容でもいい、自分の心の中の思いを率直に正直に書くことである。心の中に知らず知らずに溜め込んできた膿を、吐き出すことである。それが、心の傷の回復にもつながり、怒りを克服することにもつながり、心の傷の痛みから少しずつ解放されることにもつながるのである。

ある人は、カウンセリングで生い立ちを振り返り、家に帰ってからも過去自分が親からどんなことをされてきたか、体験してきたことを思い出してはどんどん大学ノートに書き込んでいった。18冊になった。

書いている時は嫌なことばかり思い出すので苦しかったというが、書いたものを読み返したりする中で、自分が受けてきたことがどんなことかよくわかり、今は今までにないすっきりした気持ちで生活できているという。

書くということは、心に溜め込んできたものを吐き出すということであり、表現するということであり、気持ちを整理していく上でかなり効果的なのである。

④「エンプティ・チェア法」（ゲシュタルト療法）の活用

自分を傷つけた人と直接対決できればいいが、実際にはそれが難しい場合も多い。③のように、怒りや恨みをノートに書き綴っていくという方法もある。その他、カウンセリングの場で行うのが「エンプティ・チェア」の方法である。

「エンプティ・チェア」とは、自分を傷つけたり、圧迫を与えたり、自分を苦しめた相手に見立てた空の椅子やクッションを目の前に置き、それに向けてこれまで心の中に溜め込んできた思いを思い切り吐き出すのである。

これまでも「エンプティ・チェア」の実例をいくつか紹介してきたが、さらにもう一つ、「エンプティ・チェア」のやり方が効果的だった実例を紹介したい。

ＤＶ加害者だった隆志さん（仮名）（30代）の例である。

隆志さんは、これまで付き合った何人もの女性に対して、また離婚した元妻に対しても、暴言暴力をしてきた男性である。

今付き合っている彼女や元妻への言葉の暴力としては、「気持ち悪い」「浮気してんだろう」「俺のことをなめてんのか」「殺すぞ」とか、「ぶっ飛ばす」「けんか売ってんのか」等々……。さらに、お酒を飲むと決まって深酒となり、妻や彼女を「ぼこぼこ」にしてしまうくらい、殴ったのである。

離婚後、今の彼女と知り合い、同棲もしたので今度こそ絶対にDVをしたくないと思い、DVをしないと心から誓ったのに、お酒を飲んだ時にまた暴力を振るってしまったのである。このようにどうしてDVを克服できないのか、今こそ本気で治さないと自分は一生女性と付き合えない人間になってしまうと思い、人の紹介もあって私のカウンセリングルームに来たのであった。

隆志さんの場合も、最初話を聴いていく中で、怒りの原因は父親からの影響が強いということが、すぐにわかった。

父親と母親のけんかはしょっちゅうで、物心がついた頃から、父親が母親を殴るところはよく見たという。そして自分も父親にはよく顔面を叩かれたり、体を殴られたり、狭いところに閉じ込められたり、エアガンで撃たれたりしたこともあった。またガラスの灰皿で頭を殴られたこともあり、今も残る頭の傷跡はその時にできたものだという。

そういう父親であったためか、家にいないことも多く、家族全員での団らんはほとんど記憶にないという。父親と母親は、彼が小学校6年生の時に、離婚した。

彼のキレやすいところや激しく怒るところは父親そっくりで、彼自身も「自分は親父みたいにはならないと、ずっと思ってきたのに、結局親父と同じことをしてしまっている。それがすごく嫌でした」と涙を流しながら言うのだった。

その彼の心の痛みや怒りを、DVをした父親に向けて吐き出すというワーク（エンプティ・チェア）を行った。目の前に父親に見立てたクッションを置き、まず父親の姿を頭の中に思い出してもらった。そして、これまで父親に対して言いたかったけれど言えなかったことを、目の前のクッション（父親の代わり）目がけて思い切り吐き出してもらったのである。


隆志「親父は、よく俺っちのことを怒ったよね。お袋にもよく手を出したよね。覚えてる？　その嫌な思いはよく覚えているよ。親父は反省してる？　気づいてた？　あんたのせいで家族みんながどんなに苦しんだか。

手を出されて怖かったよ。お袋に手を出すのを見るのも怖かったよ。きょうだいに手を出すのも怖かったよ。

本当は、親父もお袋もきょうだいみんなで仲良くして、いろんなところへ行ったりして、ずっと一緒にいたかった。

あんたが手を出すのが本当に嫌だった。釣りとかに遊びに連れて行ってくれたこともあったけれど、俺たちに手を出すのは、本当に嫌だった。思い出したくもない。あんたのおかげで俺は、自分の好きな人も守れないくらいになっちゃって、離婚もした。あんたのせいだよ。思い出すとぶん殴りたくなるよ。

（ここで彼は、目の前の父親に見立てたクッションを「ちくしょう！　ちくしょう！」と言いながら、こぶしで4発殴ったのである。そして、父親代わりのクッションの所に行って座り、今度は隆志さんに向かって父親として語った……）

父親「隆志がそんな辛い思いをしていたの、わかんなかったよ。今隆志に言われるまではわかんなかったよ。その時は、余り考えていなかった。改めて言われて、初めてわかった。お前にそんな苦しい思いをさせて悪かった。こうやって言ってくれたのが、初めてなのでびっくりしたけれど、本当に悪かったと思います。32年間、苦しめてごめんなさい。本当にごめんなさい」

隆志「とにかく親父には、俺にもお袋にも、謝ってもらいたい。自分らの目の前で、お袋に暴力を振るったこと。エアガンで俺を撃ったこと。俺を狭いところに閉じ込めたりしたこと。ガラスの灰皿でぶん殴ったりしたこと。怖かった、殺されるんじゃないかと思った。やめてー、やめてくれーって思ったよ。

親父なんていなくなってくんないかなー、死んでくんないかなーとも思ったよ。

お前がお袋や家族に何をしたか、わかってんの。おめえは楽しいと思ってんの。

さっさと死ねよ。こっちもいろいろ我慢してきたんだからー、今の俺なら、あんたには負けないでー。

謝ってくんない。それで勘弁してやるよー！」

父親「今まで嫌な思いをさせて、怖い思いをさせて、すいませんでした。

本当にごめん、本当にごめんなさい」

隆志「俺だけではなく、家族みんなにも、謝ってもらいたい。」

父親「千枝子（妻）、今までたくさん嫌な目にあわせてごめん。

隆志、お前には本当に怖い目にあわせた、悲しい思いにさせたと思う、ごめん。

幹也にも、みんなの前で嫌な目にあわせてしまった、ごめん。

伸治、由紀、真美、父親らしいことができなくて、嫌な思いをさせて、ごめん。

みんな今まで、すいませんでした」

隆志「みんなの名前を言ってくれたし、ちゃんと言ってくれたと信じたいと思います。

親父の気持ちは、わかったよ。まあ、親父の言ってくれたことは理解するし、完全に許すことはできないけど、ありがとうございます。

俺らは、お袋に支えられたんだよ。どんな嫌なことも忘れるくらいにしてくれたのは、お袋だった。親父にやられたことは、よく思い出すけど、やられた気持ちを、お袋が忘れさせようとしてくれたんだ。

でも前に住んでいた所から引っ越しする時に、お袋が年で動けなくて、段取りが悪かったので、俺がすごい怒鳴っちゃって、『ああ、親父と同じだー』と気づいたら、怒鳴った自分にバカショックだった。情けなかった。

そのあと彼女とも別れたよ。怒鳴る、殴る、大事なものを壊す、親父と同じじゃんと思ったら、悲しくなっちゃって……。

今、カウンセリングに通って、大事なことを学んでいる。その大事なことを、整理するようにしているよ。もう二度と殴る人には、なりたくないからね……」


こうして彼は、父親に見立てたクッションに向かって父親に言いたかったこと、父親への恨みや怒りをとうとうと述べることができたのである。

こうしたワークをすることで、自分への怒りの元になった人物と対峙し、対決し、怒りを吐き出し、心の中から怒りの元になったものを少しずつ溶かしていくことができるのである。

実際の親を前にして怒りをぶつけることが一番効果的ではあるが、離れていたり、死別していたり、実際に向き合うのは嫌だなど、それが難しい場合は、この「エンプティ・チェア」を使ってやることは、かなり効果的でもあると思う。

しかしだからといって、一度やればそれで全く解決というわけではない。少しずつ胸のつかえが取れていく感じで、心が楽になっていく。そして、その後も何度か同じようなことをすることで、しっかりと心の中に溜め込んできた怒りや悲しみを外に出していく必要があるのである。実際、隆志さんも、この後もカウンセリングの場でクッションを使い、さらに激しく父親と対決したのである。

凶悪な犯罪行為をした少年たちの更生に尽力した心理士の岡本茂樹氏は、その著書の中で次のように述べている。

「まずは、自分の親などに対する否定的な感情を充分に外へ出すこと。そうした抑圧していた感情を吐き出すことによって、はじめて相手の立場というものが考えられるのです」

（岡本茂樹『反省させると犯罪者になります』新潮社）

以上述べてきた「エンプティ・チェア」（ゲシュタルト療法）のやり方は、実はDV加害者に限らずに、ストーカーや犯罪加害者、子どもを強く怒鳴ったり叩いたり虐待してしまう親、あるいは精神疾患者などにも効果的である。心に傷を持つ人、その傷を克服しようという思いのある人には有効な克服方法である。特に相手にしつこく付きまとうストーカー行為をしてしまう人には、こういう形ではあるが相手と直接向かい合って話ができるため（イメージ上だが）、とても効果的である。

またこうしたエンプティ・チェアでのやり取りを、②のような親との実際の対決の予行演習、本番前練習として行い、その後直接に対決という方法もあるのである。

第3ステージ「柔らかい人間関係作りに向けての考え方や対応方法を身につける」

第2ステージで怒りの元になった心の傷（トラウマ）を明確にし、ある程度克服したら、次には具体的にどのようにして周りの人と豊かで柔らかい関係を築いていくかが課題である。

DV加害者はこれまで述べたように、パートナーにとっては加害者であるが、その生い立ちをみるとDVを受けて苦しんできた被害者であることがほとんどで、穏やかな家庭に育ってきた人はとても少ないように思う。それだけに、幸せな家庭を作りたい、いい夫婦関係を作りたいという思いは、人一倍強いのである。

しかし実際には、柔らかいコミュニケーションの仕方や安心できる家庭の作り方を親から学んできていないため、相手が自分の期待の沿わないと怒ってしまったり、全く怒る必要のないようなことで怒ってしまい、自ら夫婦関係を破壊してしまうような行動を取ったりして、いい家庭を作るチャンスを自分で潰してしまったりするのである。

一つの例がある。２０１０年宮城県石巻市で起きた18歳の少年による「三人殺傷事件」である。２０１６年、最高裁判所で元少年の死刑が確定した事件である。

これは、ＤＶにストーカー行為が重なった事件である。２０１０年宮城県石巻市で18歳の少年が、自分の暴力のために逃げて行った元交際相手の少女の実家に押し入り、少女の姉と少女の知人らを牛刀で刺して殺害し、さらに姉の知人男性を刺して大けがをさせた上、元交際相手の少女と子ども（自分の娘）を無理やり連れ去ったという事件である。

この少年はなぜこれほどまでの事件を起こしたのか、その少年の生い立ちを少したどってみると、次のようなものであった。

「少年は5歳の時に両親が離婚し、母に引き取られた。母は再婚し、義父と母と妹と本人との4人暮らしを始めた。

だが一人だけ家に置いてけぼりにされることもあり、『僕のことは嫌いなのかなと思った』という。

母には機嫌が悪いと叩かれた。特に印象に残っているのは、小学校2年生の時に受けた仕打ち。悪さをして母が学校に呼ばれた時のことである。帰宅後母に『恥をかかせやがって』と言われて、拳で何度も顔を殴られた。また母の機嫌が悪いと暴力を受け、首輪をはめられ、ドアノブに繋がれたこともあったという。

義父と別れた母親は、その後も交際相手の男性から暴力を振るわれてアルコールに頼るようになり、入退院を繰り返した。少年は詳しく聞かされないまま、小5で祖母に預けられた。

自ら暴力を振るうようになったのは、県立高校に入学した頃から。友人に『暴力を振るうとスッキリする』言われたのがきっかけだった。母や祖母にも暴力を振るうことをためらわなかった。校内で暴力ざたを起こし、高校を中退した」

(『朝日新聞』2010年11月26日と2016年6月17日の記事より)

その彼が成長し、彼女ができた。

その彼女との間に、子どもができた。しかし先に書いたように、その彼女に暴力を振るってしまい、逃げ出した彼女を追って、ついには彼の前に立ちはだかった3人を殺傷してしまったのである。

その彼が裁判の中で言った言葉である。

「子どもの頃から、心の内を話せる人はいませんでした。

温かい家族は、俺の憧れでした。

彼女と娘は『自分の全て』でした。
自分が生きてきた冷たい家庭ではなく、温かい家庭で、赤ちゃんを大切にしようと、誓いました。
でも、彼女への嫉妬から暴力を振るうようになってしまったのです」

彼が言った「温かい家族」「温かい家庭」は、DV加害者の共通した思い、共通した願いでもあると言ってもいい。むしろその憧れは、人一倍強いと言ってもいいかもしれない。しかし、いざ彼女と出会い、彼女と新しい家庭を作るチャンスを得ても、温かい家庭を体験していないと、なかなかうまく作れなかったりするのである。いいモデルを見ていなかったり、模範となるものを体験していなかったりすると、どのように作ったらいいのかがわからないのである。

温かい家庭は、温かい家庭を自分が体験してこないと、どう作っていったらいいのか、なかなかわからないものである。言葉使いも身近にモデルがあってこそ身につけたように、温かい家庭の作り方も、モデルを見てこそ作れるものといえる。それは身近に体験できるものがあれば一番いいが、そうでない場合は、見たり、聞いたり、教えられたものでもいいだろう。いずれにせよ、こういうものが温かい家庭なんだよ、ということを何かしらの機会に学ばないと、いざ家庭を持っても、なかなか作れないのだろうと思う。

そこで第3ステージとしてのプログラムにおいては、温かい家庭の作り方や柔らかい人間関係の作り方に向けての内容が、その中心になっていくことになる。そこで使うものは認知行動療法的な教材や教育プログラムで、主に次の4項目である。

---

① ジェンダー・バイアスなど、自分の中の差別意識について認識する
② 柔らかいコミュニケーションの仕方を身につける
③ 家庭の意義や家族とのあり方を学ぶ
④ 違いを認め合う

などである。これら4項目について、教材などをもとに学んでいくのである。各項目でどんなことをやるか、それぞれの項目の中身を、少し紹介しておこう。

① ジェンダー・バイアス（女性や男性への偏見や差別）などについて認識する

性別が異なるだけで、相手のことを見下したり、差別したり、否定的に見たりする人がいる。そうすることで、相対的に自分の価値が上がるとでも思うからだろうか。

人のことを強く差別する人ほど、自分に自信がないからだとも言えるだろうし、心が傷ついてきたから、とも言えるかもしれない。他の人を見下すことによってしか、自分の価値を確認できないのであろう。

そうしたことの一つが、ジェンダー・バイアス（女性や男性への偏見や差別）である。主には女性への差別意識、女性を見下す意識である。世界、日本、社会、職場や学校、家庭の中、男女間、あらゆるところにそれは根強く残っていると言えるだろう。

例えば、まだまだ日本には老若男女を問わず、家事や育児は女性が中心になってやるものという性別役割分業意識が根強くある。近年それが少しずつ変わってきてはいるが、まだまだ対等・平等になっているとは言い難いだろう。そういうことがパートナーへの高圧的な態度を取ることにつながり、ＤＶ行動への直接的な要因にもなっていくのである。

ここでは特に、なぜ女性（男性）を差別するようになったか、その歴史的社会的背景をたどったり、現在も日常の中にある実例を見たり、また差別への心理的な要因も考えたりしていく。

育っていく中で、親や周りのおとなから否定的なことをよく言われ、非難され、自分というものの価値にあまり自信が持てなくなっていくと、自分よりも力の弱い人を見下すことで自分が少しはましに見えるように思ってしまう、そうした差別の心理構造にも触れていく。

そして差別をする者は、結局は相手から強い反撃を受けることになり、やがて関係が壊れていくということ、対等・平等であることが、結局はお互いにとって最もよい状態なのであるということなどを学び、認識してもらう。

②　柔らかいコミュニケーションの仕方を身につける

柔らかいコミュニケーションをしていくということは、人間関係においての一番の基本と言ってもいいものである。それはDV加害者に限らず誰にとっても言えることである。

しかしDV加害者は、なかなかそれができなかったりする。なぜなら育ちの中で、柔らかい対応の仕方や優しさのある言葉の使い方を学んでないからである。逆に乱暴な言い方、荒っぽいものの言い方を日々シャワーのように浴びてきていたために、乱暴な言い方がごく普通のようになってしまっているのである。

前にも紹介したが、あるDV加害者は次のように述べている。

「我が家では、父から母へ、母から子へ、怒鳴ったり、手を上げて怒ったりということが、普通に起こっていた。

ちょっとのことで怒鳴ったりすることは普通のことで、異常のこととか、ひどいこととか全く思っていなかった。

だから怒鳴るなどということは、私にとってはごく普通のことでした」

私は人が言葉の基本的な使い方を覚えるのは、大体9歳くらいの時まででではないかと考えている。

その頃までに言語を身につけるのである。その時人はただ単に単語のみ、文法のみを覚えていくのではない。話し方、言い方、口調、微妙なニュアンス、その時の表情や動作も含めて覚えていくのである。よいことをした時やほめられてもいいようなことをした時に、どんなふうな言葉をかけてもらっただろうか。しっかり認めてくれるような言葉をかけてもらっただろうか。それとも、何も認められずに、逆に否定されるような言葉を投げかけられなかっただろうか。あるいはまた、失敗や悪さをした時に、どういう注意の仕方をされただろうか。体罰や激しい罵声をともなうような叱られ方をしたか、それとも優しく諭されるような叱られ方をしたか。一つの行動に対して、親や周りのおとなの反応や対応はさまざまである。しかしそれはその下に育つ子どもにとっては、一つのお手本として、見本として心の中にインプットされていくのである。

人は言葉を身につけていく時に、ただ単に単語や、文法だけを教えられて言葉を覚えていくのではない。どんな場面で、どんな口調で、どんな態度で伝えられたかなど、それらを含めて頭や体に染み込ませていくのである。

また家庭や家族というもののイメージは、自分の育った家庭によって作られていくことが多い。そうすると、自分の育った家庭が普通の家庭だと思い込むことになる。自分の家庭で怒鳴り声が聞こえれば、それが普通、殴ることがあれば、それが普通の家庭と思ってしまうのも、無理のないことである。普通というものは、育った環境によって大きく異なってしまうが、誰にとっても自分の育ったところが普通のように見えてしまい、知らないうちに自分もまた、その普通を繰り返してしまったりすることがあるからである。

そこで、これまで自分が普通と思ってきた会話の仕方や接し方について、改めて学び直そうというのが、この柔らかいコミュニケーションの仕方のプログラムである。

どんな内容のものをやるのか、その中のものを少し紹介する。

○「否定と受容」ということ

私たちは日常の会話の中で、相手の言ったことに対して自分の意見を告げるつなぎの言葉として、よく「でも〜」とか「だけど〜」とか「そういうけど〜」とか「あんただって〜」とかの接続詞を使っていることが多い。

しかし、これらの接続詞は、相手の言うことをすぐに否定することになり、反発の気持ちを引き起こしやすい。その否定はさらに相手の否定を招きやすくするし、その結果否定の応酬から、口論にエスカレートし、けんかになっていきがちである。

これらの接続詞を使って言う方は、自分の方こそ正論だと思っているので、相手の言うことを否定することはよくないことだとは思っていない。しかし言われた方としては自分を否定された気持ちになり、ムッとして否定で応酬したくなってしまう。その結果否定合戦になってしまうのである。

人は反対するにせよ、賛成するにせよ、まずは自分の言ったことを相手にきちんと受け止めてほしいのではないだろうか。最後までしっかりと聞き、まずはきちんと受け止め、すぐに頭から否定してほしくはないだろう。その人なりに考えたことを言っているのだから……。

ではどう受け止めていけばいいのだろうか。賛成や反対はともかくとして、相手は相手なりによく考えて言っているわけだから、その発言をまずはきちんと受け止めること、それには「そうかー」「そう思うんだー」「そうなんだー」「そうだねー」などの接続詞を使うといいのではないだろうか。これらの接続詞は、相手の考えにそのまま賛成するわけではなく、まずはしっかりと聞いたよと受け止めるだけである。そうすると、話した方もしっかり聞いてもらえたなと安心できるのである。

その上で次の段階として、賛成なら賛成の意見を述べていけばいいし、もし反対ならば、今度は「でも、私は～」とか、「だけど、自分はこう思うんだけど～」と言っていけばいいのである。

一旦受け止めてからの「でも～」や「だけど～」は、頭からの否定ではなく、話し合いであり、対等な立場での意見の交換になるのである。

DV加害者は、とかく相手の言うことをすぐに否定しがちである。否定することで己れの力を誇示しているようなところがある。それがもう癖のように、習慣のようになっているところがある。育ちの中で叱られたり否定されたりすることが多かったから、逆に自分が力を持つと、相手を否定することでその仕返しをしているかのようである。

しかし否定の連続は、結局相手の否定や幻滅感を引き寄せ、関係を徐々に破壊していってしまう。だから、この教育プログラムのコミュニケーションの仕方の中の一つとして、相手の言うことを受容すること、まずはしっかりと受け止め、その上で話し合っていくということを学んでもらうのである。これも柔らかいコミュニケーションの一つである。

○「〜用語翻訳器」を頭の中に持つ

ＤＶ加害者には、相手の言葉を真《ま》に受けて、ムキになって怒ったり、反論したりしてきた人が多い。言葉のそのままに反応して、冗談であったり、ふざけ半分であったりしても言葉の奥にある思いを受け止められずに腹を立ててしまったり、言い方が気に入らないと怒ってしまい、うまく流せなかったりするのである。

そこで、ＤＶ加害者だった人には、もっと相手の言葉に柔軟に対応していくために、「〜用語翻訳器」を持つように勧めている。

妻や夫に対して、「妻（夫）用語翻訳器」であり、子どもに対しては「思春期用語翻訳器」などを頭の中に持つのである。

図にすると左図のようなものである。

相手の言葉に対してすぐに真《ま》に受けて反応するのではなく、頭の中に翻訳器を持ち、その翻訳器を通

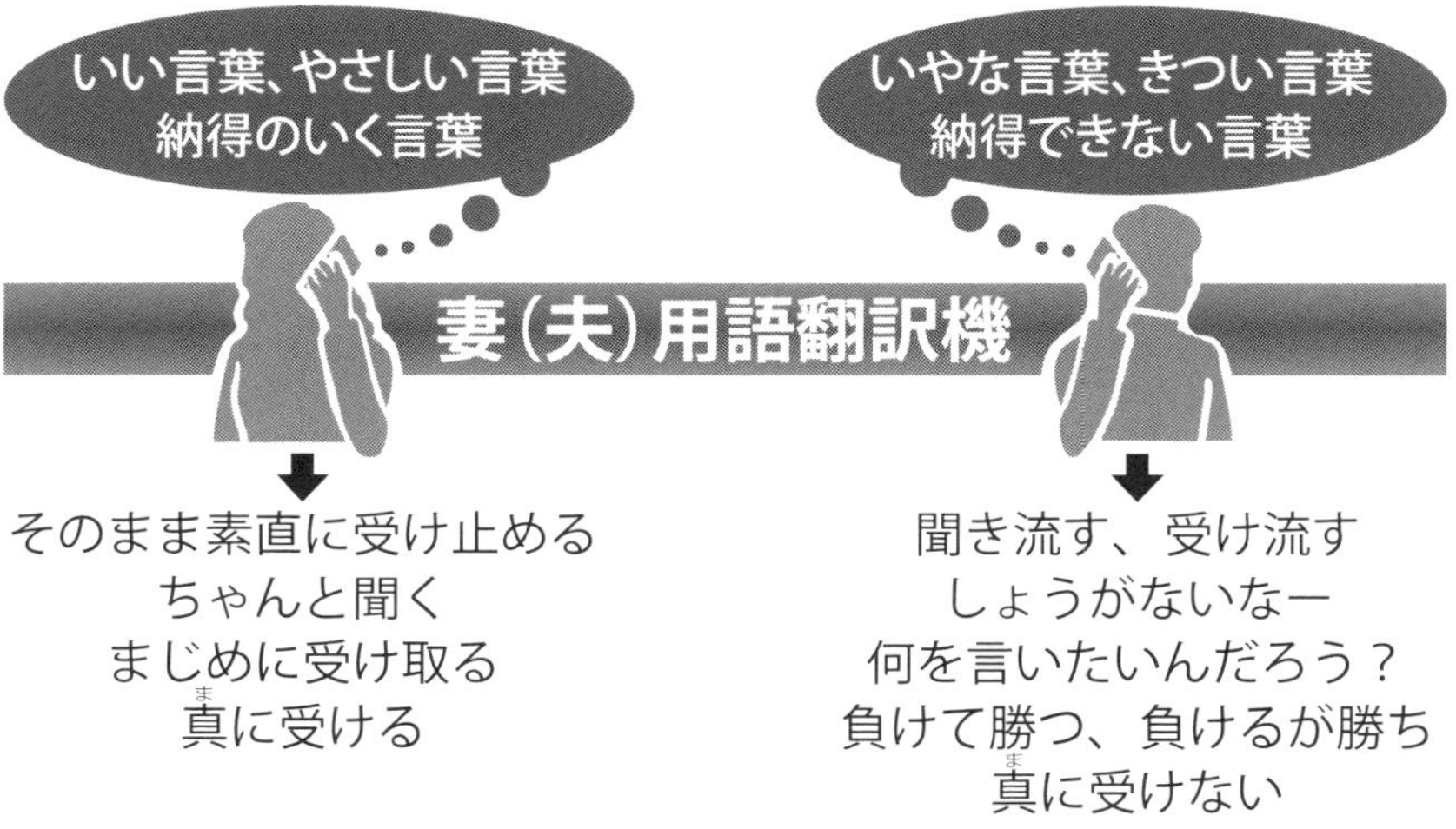

して相手の言葉を解釈し、対応していこうというわけである。

相手の言葉のうち、いい言葉や優しい言葉や納得のいく言葉はそのまま受け止め、真《ま》に受けていいだろうし、素直に反応していけばいいだろう。

一方、自分にはきついなと思った言葉や、嫌だなと思った言葉、納得できない言葉などには、すぐに反論したり、怒って返したりするのではなく、受け流したり、聞き流したり、この人は本当は何と言いたいんだろうと考えたり、少なくとも真《ま》に受けて、ムキになって強く怒ったりしないように心がけようというものである。

親しい家族関係の中でパートナーがそんなに悪意を持って自分に言ってくるわけではないはずなので、ムッとくるような言い方をされても、すぐに怒り口調で反応せずに、もっと優しく、柔らかく反応していこう、そのためにもこうした翻訳器を頭の中に持とうという提案である。

翻訳とは、外国語を日本語に、日本語を外国語に変えるだけではなく、日本語同士の中にあっても、相手の言葉の真意は何なのかをちょっと立ち止まって考えてみるということ、そういうことを覚えていくと、対応が柔らかくなっていくのである。

実は優しさや柔らかさのある人間関係の中では、そういうことが意識せず自然にできているのだが、厳しい親子関係の中で育ってきたり、怒られたりすることの多い中で育ってきたりすると、そういう柔軟さを持てなくなってしまうので、あえてこういうことを意識してもらうのである。

ただしこの翻訳器は、ＤＶを受けてきた被害者側の人には勧めない。なぜならこれを使わなければと思うと、余計に苦しくなってしまうことがあるからである。「うまく翻訳して、柔軟に対応できない自分の方が悪いんだ」と自分を責めることになってしまいかねないからである。だから持つのはあくまでも加害者の方である。加害者にこれを使って、相手の言葉や態度にすぐに怒らないで、受け流せる人になってほしいのである。

ただ、親は子どもに対してこの「思春期用語翻訳器」を持てば、親子共々かなり楽になれるはずである。また、苦手な人に対しても「(苦手な人)用語翻訳器」を持つようにすれば、少しは楽に対応できるのではないかと思う。

③　家庭の意義や家族とのあり方を学ぶ

DV加害者は、そのほとんどの人たちが暴力的なものがある家庭で育っているために、家族にどう優しく関わっていったらいいか、どういう関わり方が柔らかさのある関わり方か、イメージが湧かないという人が多い。先に紹介した宮城県石巻市で起きた「三人殺傷事件」の犯人の18歳の少年にしてもそうであった。「温かい家族は、俺の憧れでした。自分が生きてきた冷たい家庭ではなく、温かい家庭で赤ちゃんを大切にしようと誓いました」と言ったが、そういう温かい家庭を作ることができなかった。温かい家庭を頭では希望し憧れとして持ったが、実際には作れずに終わってしまった。それほど難しかったのである。

では、温かい家庭とはどういうものであろうか。

例えば「団らん」という言葉があるが、団らんは、温かい家庭の状態の一つでもあるだろう。しかしDV加害者の中には、団らんを体験したことがないという人が多い。「団らん」という言葉は知っているが、体験したことがない、だから、どういうものが「団らん」かわからない、と言うのである。

そこで私は、どの人たちにも必ず話すことにしているのが、「愛の具体的な形」についてである。愛は心の中で思っているだけでは相手に伝わっていかない。愛は具体的な行動で表さないと伝わっていかないし、相手も愛を実感できないだろうと説明する。そして、では愛の具体的な形とは何か、豊かな愛の具体的な行動とは何か、そこで愛しているという思いを具体的な形としたものが、次のような

愛の具体的な形

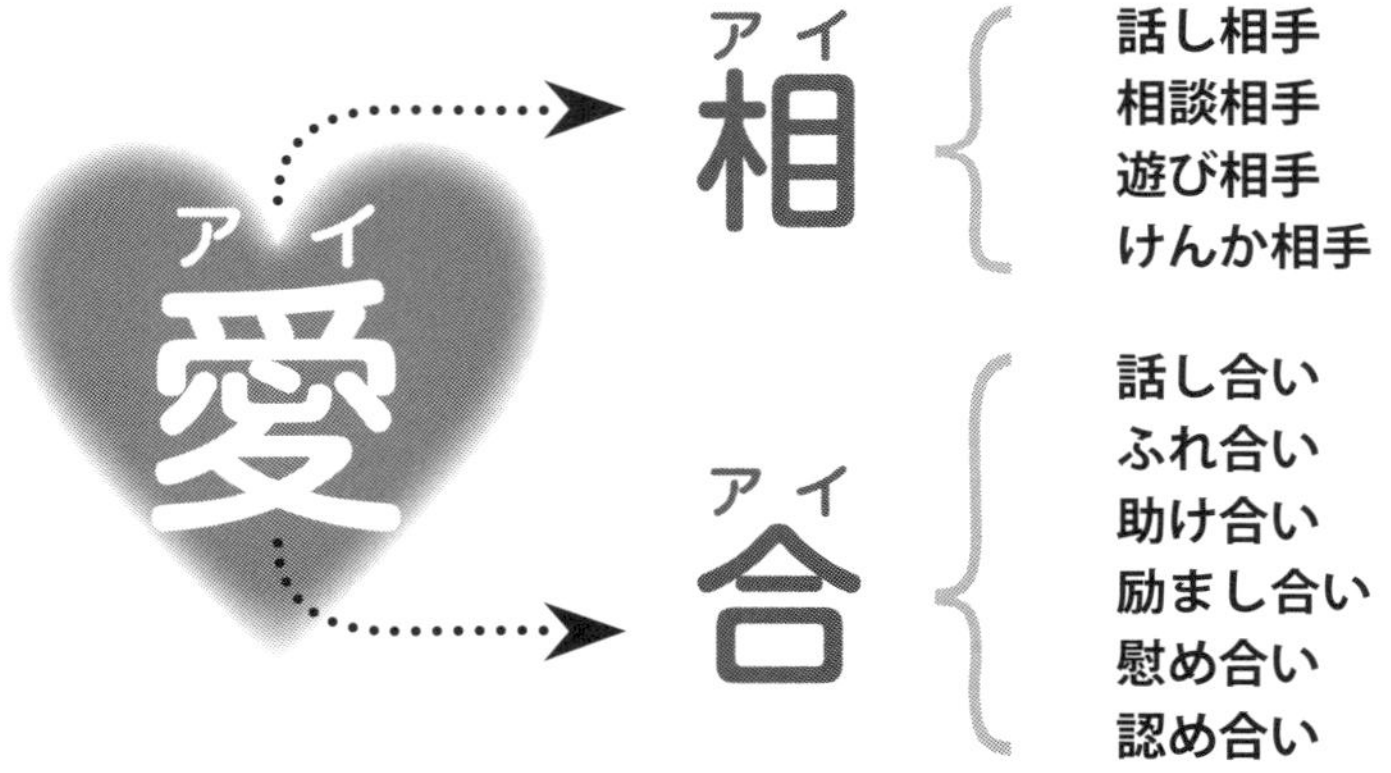

図である（上図参照）。こうした図を示して、愛のあり方をイメージ化していったりするのである。それによって、暴力ではない愛のあり方をより具体的にイメージしてもらうのである。

愛の具体的な形は、「相（アイ）と合（アイ）」であると説明する。

ここでいう「相」とは、話し相手の相（アイ）であり、相談相手、遊び相手、けんか相手の相（アイ）である。語呂合わせが愛と相とは共通しているので、愛の具体的な姿の一面として活用しているのである。けんか相手も入れたが、本音でぶつかり合う、本音を出し合うという意味では多少のけんかや口論もあっていいのではないだろうか。殴り合いや激しい罵り合いなどがよくないのはもちろんであり、論外である。

もう一つの「合」は、話し合いの合（アイ）である。

またふれ合い、助け合い、励まし合い、慰め合い、認め合い、などの合（アイ）である。こういうことをたっぷりすることで、愛は相手に伝わっていくし、相手も愛を実感できていくのではないだろうか。こういう具体的なことをしないと、いくら心の中では相手を愛していると思っても、愛は相手に伝わっていかないし、だんだんと愛を感じられなくなってしまうのではないだろうか。

また豊かな愛とは、この「相と合」がたっぷりとあるということだろうし、貧しい愛とは、この「相と合」が乏しいということともいえるのではないだろうか。もちろんお互いが対等な立場での「相と合」でなければならないことは、言うまでもない。

ではこうした話し相手、相談相手、遊び相手、けんか相手になったり、話し合い、ふれ合い、助け合い、励まし合い、慰め合い、認め合いなどは、どんなふうに実現していけるのだろうか。

それらが家庭の中で一番作りやすい場としてあるのが、「団らん」というものではないかと思う。夫婦や家族が集まってべちゃべちゃおしゃべりをしたり、食べたり飲んだり、あるいは一緒に遊んだり、テレビを見たり、一緒に料理をしたりする時を持つ、それが団らんの時ともいえるのではないか。一般的には食事をする時などが団らんを作りやすいのではないかと思う。その団らんがなぜ楽しいかと言えば、「相と合」がある程度実現している場だからである。愛が実感できる場だからである。

団らんはいわば家庭の潤滑油といっていいようなもので、これがあるかどうかで家庭の雰囲気は大きく変わってくる。先の男性が言った「温かい家庭は、俺の憧れでした」というその温かい家庭とは、この団らんがあるということ、つまりは「愛＝相や合」があるということではないだろうか。

そしてさらに付け加えて説明していることとして、結婚や同棲をしたり、子どもをもうけたりした時によく言うのが、「家族を養うために働く」「家族を食べさせていくために働く」という言葉である。しかし、これだけだと家族が満たされるのは、お腹（なか）だけである。お腹は満たされるが、心は満たされていかない。もちろんお腹を満たすだけでも大変なことである。ただ、家族を持ったら、家族を作ったら、ただ単にお腹を満たしていけばいいのではなく、団らんの機会も是非作っていってほしいと思う。できるだけ家族が安らげる機会を作ってほしいと思うし、そのためにも、団らんの場を意識して作っていってほしいのである。

そこで働くことの意義を改めて考えてもらい、次のような考えを提案していく。それは何のために働くか（結婚したり、同居したりしている場合であるが）を考えた時に、「家族を食べさせていくために働く」から、「家族との団らんを確保するために働く」へと考え方の転換を図ってもらうのである。この団らんの中には、食べることも含まれるし、「相と合」も含まれるのである（左頁上図参照）。

家族を持ったら、団らんの機会を大切にしていきたいのである。特に子どもが小さい時は、この団らんがあるかどうか、家族で楽しく過ごせる機会があるかどうかは、子どもの心の形成に大きく影響していくと考えていいだろうと思う。

ＤＶ加害者として私のカウンセリングルームに来る人は、大半がこの団らんを体験していない。ＤＶ

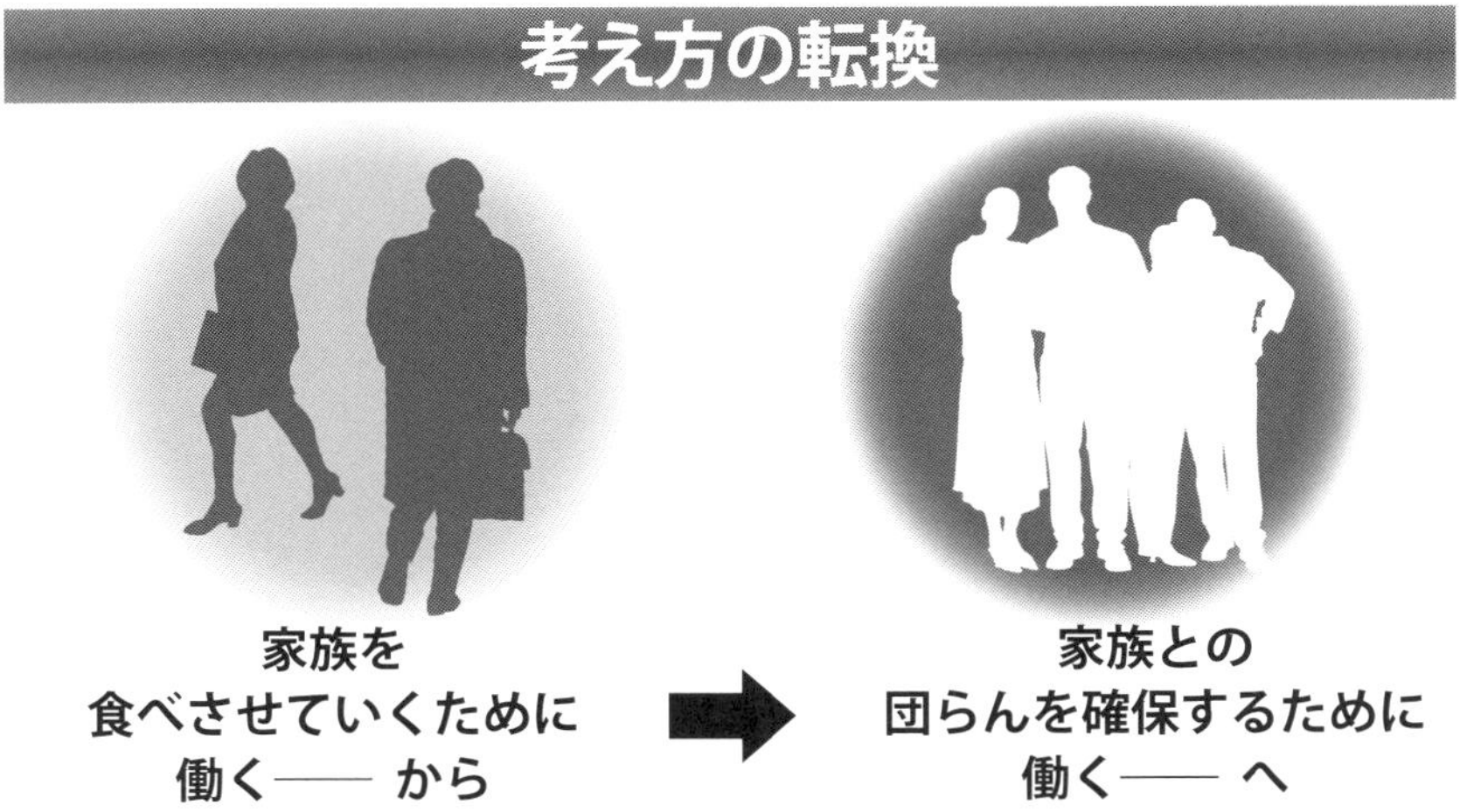
考え方の転換
家族を
食べさせていくために
働く―― から
家族との
団らんを確保するために
働く―― へ

加害者の中の多くの人が、団らんという言葉は知っていても、実際にそれを体験したことがないという。だから、団らんの機会を持ちましょうと言われても、どのようにして作ったらいいかわからないとも言う。

団らんは決して難しいことではない。例えば友人と居酒屋で一杯やりながらおしゃべりするようなものである。それはほとんどの人が体験している。同様に、家族が集まってべちゃべちゃおしゃべりしながら飲み食いをすれば、それも団らんである。子どもがいれば、一緒に遊んだり、一緒にテレビを見たり、一緒に話をしたりして過ごせば、それも団らんである。

こうしたことができない人がいる。体験してないからである。体験してきた者にとっては当たり前のようにできることが、体験してきていない者にとっては、全くできないのである。

「温かい家庭を作りたい」という希望を持っていても、実はそれを意識し、イメージとして持っていないと、いざそれを持てる機会ができても、なかなか作れないのである。だから団らんを体験してきていない者にとっては、団らんを作るのはなかなか難しいことなのである。団らんという家族がふれ合う場、楽しむ場をいかに作っていくか、その具体的な方法を一緒に考えていく、それも教育プログラムの中の大切なテーマの一つである。

ＤＶ加害者は、過去の育ちの中で、全くといっていいくらい団らんを体験していない。食事の時も、せっかく家族が集まっている時だから少しでも話をしながら食べようとすると、「だまって食え！」と言われたり、食事中ずっと怒られ、いつも泣きながら食べていたという人もいる。また「5分で食え！」と言われ、立ったままで口の中にかき込むようにして食べてきたという人もいる。家の中で、家族といて、楽しく過ごしたことなど全くなかったという人もいる。

だからこそ、自分の育ってきた家庭とは違う温かい家庭を作りたかったという。そういう思いを人一倍強く持ちながら、いざパートナーができ、一緒に住んだり、結婚したりしても、どのようにして温かい家庭を作っていいったらいいかわからないために、結局怒ったり、怒鳴ったり、手を上げたりしてしまい、せっかくのいい関係を作るチャンスを自分で壊してしまうような行動を取ってしまったりするのである。それがＤＶ加害者の悲劇でもある。

だからこそ、これからはそうならないためにも、カウンセリングの場で改めて、柔らかさのあるいい関係の作り方を学んでもらうのである。前章で述べた、柔らかいコミュニケーションの仕方もその一つである。

④　違いを認め合う

愛し合うようになり、一緒に住んだり、一緒に行動することが増えたりすると、とかく相手への期待がふくらみ、相手に対して「～してほしい」、「～であってほしい」、「～してもらいたい」などの思いが募ってきたりする。そして、その期待に沿ってくれないとそれが怒りとなって爆発したりする。

しかし人が人と柔らかい関係を作っていく上での大きなポイントの一つは、相手と自分との違いをお互いに認め合うことができるかどうかである。相手と自分とは、違う体、違う育ち、違う考え方、違う感じ方をする存在同士であるということ、そこをきちんと認識していけるかどうかは、2人がいい関係を作っていけるかどうかの大きな分岐点と言ってもいいかもしれない。

以下のような例がある。

ある男性（30代）は、妻が自分の思った通りに行動しないと、怒って妻を蹴ったり叩いたりしたが、次のように妻に言ったという。

「俺の奥さんなのに、なんで俺とおんなじ考え方をしてくれないんだ！」

「俺の思った通りにしてくれるのが、奥さんの務めなんだよ！」

またある20代の男性は、ある女性と知り合い、意気投合し、結婚を誓い合ったのであるが、結婚を約束した次の日から、彼女に連絡してきて、自分の昼の弁当を作るように要求したという。その女性が、「今までお弁当は作ったことがないから、すぐには作れない」ということや、「朝は忙しくてお弁当を作っている時間がないから、自分で買って……」ということを伝えたところ、彼は怒りだし、次のように言ったという。

「彼氏が『弁当を作って！』と言っているのだから、『わかったよ』と言って作るのが俺の彼女の役目だろう！」

以上のような考え方をするＤＶ加害者は多いのである。こういう事例を紹介すると、自分も全くそうでしたと言ったりする人が意外に多いのである。

これらのように、親しい人ができると相手と自分を同一化してしまうのか、パートナーを自分の思うように動いてくれる人と思い込み、相手との間に境界線があることが認識できずに、自分の思うように支配しようとしてしまうのである。しかも、それは当然のことであり、それにきちんと応えない相手の方が悪いとすら思ってしまうのである。

自分の思い、自分の期待、自分のイメージを相手に押しつけ、それに反すると、怒りとなって説教を始める、それこそＤＶ加害者の大きな特徴ともいえる。

しかし人は、他の人から考えを強く言われると、圧迫感を感じ、意見を押し付けられたと思ってしまうものである。自分の考えを強く押し付けてくる人とは離れたくなるのもまた当然である。

「パートナーは自分の思うように動いてくれるはず」というような考え方をする背景として、直接的には「女はそうするもの」という強い「ジェンダー・バイアス」があったりするが、なぜ強い「ジェンダー・バイアス」を持ち、威圧的な言動をしてしまうのかというと、一つには、DV加害者は育ちの過程で親やおとなから強い言い方をされたり、強い圧迫を受けてきたりすることが多かったため、おとなになった時に今度は逆に、これまで自分がされたことと同じようなことを相手にしてしまうことがよくあるのである。そういう行動の仕方を、育ちの中で学んできてしまったと言ってもいいかもしれない。

いくら親しくなったとはいえ、他の人が自分の思う通りにならないのは仕方のないこと、互いの違いを認め合うということ、人と人の間には境界線があるということ、そのことを認識できるかどうかは、相手とよりよい関係を作っていく上では欠かせないということ、そうした学習もこのプログラムの中でしていくのである。

第8章 DV加害者カウンセリングでの問題点

リバウンド（逆戻り）現象について

ＤＶ加害者へのカウンセリングが進み、暴力的なところがなくなり、かなりよくなってきたかなと思って安心した頃に、また突然以前と同じようなＤＶ的な行動が発現することがある。特に加害者だった人が変わってきた、これなら何とか安心かなと思って再同居をしたパートナーにとっては、以前と変わってない姿を再び見せつけられて、驚き、おののき、やっぱりカウンセリングなんて効果がなかったんだ！と思い、愕然としたりする。

こうした現象を私は、「リバウンド」と呼んでいる。逆戻り現象である。時々こういう現象を起こす人がいる。誰でもというわけではないが、少なくはない。もちろんリバウンド現象が全くない人もいる。

カウンセリングを受け、DV加害者更生のプログラムを受けて、DV的な部分をかなり克服できたとしても、人間が全く入れ替わってしまったわけではないので、克服すべき部分が完全に消えてなくなったわけではない。だからまた何かの拍子に、昔のよくない部分が頭をもたげて出てきたりすることがある。人間の変化や成長や更生は、右肩上がりに順調に伸びて行くわけではない。行きつ戻りつしながら、らせん状に変化・成長していくのである。ある人が、「3歩進んで2歩下がるみたいだ」と言ったが、まさにその繰り返しと言ってもいいと思う。

リバウンドし、元に逆戻りしてしまったと思えるような時にどういう取り組みをしていくか、それによってその後の人生に大きく影響していくのである。

リバウンドして元の悪い部分が再び出てしまった時は、これはDV加害者にとっては、より深く暴力性を克服していくチャンスでもある。まだしっかり克服できてない部分がはっきりしたともいえるので、克服に向けてより追究していくチャンスなのである。そういう時に、なぜそうなのか、何が問題なのか、どうしたらいいかなどをさらに徹底的に追究することによって、また一段と克服へ進むことができると言えるだろう。克服への取り組みをやめたら終わりである。

しかし加害者から見たら克服のチャンスかもしれないが、DVを受けてきた被害者から見たらとんでもないことで、大きな失望であり、落胆であり、幻滅である。せっかくやり直せると思ったのに、結局変わっていないのだから……。

被害者から見て、もうこれ以上は我慢ができないと思った場合、あるいは加害者が本気で変わろうというようすが見られないと判断した場合は、別れることを決断した方がいいだろう。しかし、変わってきたところもあるし、変わろうという努力のようすも見られるのだから、もう少しようすを見てもいいかなと判断した場合は、もうしばらく別れることを思いとどまってもいいかもしれない。その場合も、離れて住んで安全を確保することと、自分の気持ちに正直であることが一番大切なことであることは言うまでもない。その時、別れたら相手がかわいそうだからという同情の目で判断することは禁物である、かえってお互いがまた苦しむことになってしまう。時に強い決断も必要である。

変わりにくい人（DVを克服しにくい人）、変わらない人

DV加害者更生のカウンセリングを受けても、なかなか変わらない人がいる。全く変わらないだろうと思われる人もいる。

もちろんどんな療法やどんな技法やどんなプログラムも完璧なものはなく、効果が上がる場合もあれば、なかなか効果の上がらない場合もあるのはしかたのないことかもしれない。それにしても同じようなプログラムで取り組んでも、効果が出る場合と、出ない場合があるのはどうしてだろうか。

これまでDV加害者カウンセリングを実施してみて、効果が表れにくいのはどのような人たちか、整

理してみると、大体以下に挙げるような5つのケースにまとめられると思う。

①　育ちの中で親やおとなから受けた暴力による傷が深くて、その影響がなかなか消えない人
②　自分が親からされたことを批判的・否定的に見られない人
③　自分の暴力的な言動は、あくまでもパートナーのせいだという考えが改められない人
④　もう大丈夫、ＤＶは克服したと勝手に判断し、カウンセリングを途中で止めてしまう人
⑤　別居が長期にわたったり、離婚が決定的になったりすると、もういいやとばかりにカウンセリングに通わなくなってしまう人

どういうことなのか、少し説明してみると、

①　育ちの中で親やおとなから受けた暴力による傷が深くて、その影響がなかなか消えない人

親からの体罰が余りにもひんぱんで、かつ長期的で執拗だった場合、その傷は心の奥深くに残り、克服がなかなか難しく、少しよくなったかなと思っても、またふっと悪い部分（ＤＶ）が出てきてしまったりする。カウンセリングを受けて暴力的な面がなくなっていった人が、もう大丈夫かなと思っても、ふとした瞬間にまたＤＶが出てきてしまうことがあるのである。これは前章でも書いたが、「リバウンド

（逆戻り）」とも呼んでいる。そのようになかなか完全には、暴力を克服しきれない人がいるのである。

暴力を受けてきた期間も長かったために、心の傷が深く、その傷や痛みを解決解消するのもなかなか難しいのだと思う。心の傷も深いと克服もなかなか難しかったり、時間もかかるのである。

しかし、そのことを自覚して、自分にとっての生涯の課題として意識して取り組んでいけば、克服することも可能であるし、リバウンドも小さいもので終わらすこともできる。

例えば、お酒を飲むとどうしても言動が乱暴になってしまうので、飲酒を完全にやめて、家族との落ち着いた関係を優先する方を選んだ人がいる。その人は、今はＤＶは出ていない。

深酒をする人や酒を飲むと人が変わってしまうようになる人は、生い立ちの中で心に傷を持っている場合が多い。カウンセリングを受けたとしても、傷を完全に克服して飲酒による影響をゼロにすることは難しい。家族を持つなら、まずは飲酒をやめることである。ＤＶの克服は、飲酒をやめるくらいの決断と覚悟が必要なのである。カウンセリングのよさは、心の傷を完全に治して飲酒による影響をなくすというよりも、飲酒をやめる決心をつけられることである。

②　自分が親からされたことを批判的・否定的に見られない人

子どもというのは親を敬うようにできているのだろうか。親のことを疑っては悪いと思い込んでいる人がいる。親を批判的に見たりするのはもってのほかだ、と思い込んでいたりもする。親や目上のおとなを批判しないということが、不文律のようになってしまっているのである。

親に叩かれたり、怒鳴られたりした場合、そのことに反発したり、批判的に見ることをしないと、それと同じようなことをしてしまっている自分の行動をも疑問に思わなかったり、批判的に見られないことになっていく。

同様に親からかなり強い圧迫を受けたり、支配を受けたり、あるいはきつい体罰を受けても、それは自分へのしつけとしてやむを得ないものだったと思い、批判的に見られない人は、結局自分のDV的な行動も、相手が悪い、相手のせいで自分は怒ったのだ、相手が怒らせるようなことをしたから手を上げたのだと全てを相手のせいにし、自分の暴力を正当化してしまうのである。

親から見れば、子どものことを思っての体罰であり、体罰などもやむを得ないものだったということで疑問にも思わなかったりするが、親からそう言われてそう信じてきた人にとっては、親を批判的に見たり疑問に思ったりすることは、かなりハードルが高いことでもある。

しかし、親やおとなにされた暴力的なことを疑問に思ったり、反発したり、批判したりしない限り、自分のしたこともDVと認められず、自分の行動も批判的に見られないことになり、結局自分のDVがなかなか克服できない、治らないことへとつながっていくのである。

こうも言う。「自分のしたこと（DV）を、親のせいにするなんてことはできません。それはあくまでも自分の責任です」と。

これは一見潔い言葉に見える。自分のDV行動を、親からされたことのせい（影響）にしないで、自分の責任として引き受けるということだから……。しかし、これは何も潔い言葉というわけではない。ものごとの仕組みが見えていないだけ、DVの仕組みが見えていないだけのことである。自分がなぜDVをするようになってしまったのか、自分の行動の奥にあるものが見えていないから、そのような発言になるのである。

親や周りのおとなが自分に何をしたか、自分をどんなに傷つけたか、それが見えないで「親のせいにすることはできない、悪いのは自分だ」と言う人は、結局は自分のした暴力行動を自分の責任による行動とは考えないで、パートナーの言動のせい、パートナーの落ち度のせいと見ていくことになってしまうのである。

あるDV加害者は、親を悪く思えない理由を、次のように分析した。

「親からやられた経験を消化するには、親の暴力を肯定するしかなかった。そうしないと親と一緒にいられなくなるからです。自分が悪かったから殴られたんだと親を肯定しなければ、家を出て行くしかなくなるのです。

暴力を振るう親は嫌だ！　と思って拒否したら、親子関係は崩壊してしまうし、自分の居場所がなくなってしまうのです」

こうして親の暴力を肯定し、受け入れる意識が染みついていってしまうのである。子どもはそうしないと、生きていけないからである。この染みついたものを、拭い払うのは並大抵のことではない。

③　自分の暴力的な言動は、あくまでもパートナーのせいだという考えが改められない人（自分が悪いのではない、相手が悪いのだ、という考えが改められない人）

自分のＤＶ的な言動、パートナーへの暴言暴力は、あくまでもパートナーのせいで、パートナーの行動に問題があったから、自分もそういう行動をとったのだという考えからなかなか抜け出せない人がいる。自分の行動の方こそ問題だということを認めることは、プライドに傷がつくとでも思うのか、あるいは自分の依って立つ基盤がひっくり返るとでも思うのか、なかなか自分の非を認められないのである。こういう人は、なかなかＤＶを克服できない。自分の方が正しいということを、頑強に言い張るのである。

こういう場合、ＤＶ加害者は自分の行動は変えないので、結局被害者であるパートナーは加害者の元から去り、離れて行かざるを得なくなるのである。加害者の暴言暴力は被害者のせいだ、ということだから、被害者にとっては加害者から見て落ち度があると判断されれば、また暴力を振るわれることになるからである。

パートナーが暴力を振るわれるのは嫌だと言って去って行っても、この加害者は、自分の非を頑として認めようとしなかったり、あるいはむしろ自分の方こそ被害者だと言い張ったりする。冷静に自分のしてきた行動が、どういうものであるかを見ることを、どうしても拒んでしまうのである。

またこういう人に限って、相手の落ち度や行動の非については厳しく批判・非難したりする。反面自分の言動については、徹底的に擁護する。こういう人は、なかなかＤＶを克服できない。

しかし、こういうタイプの人も実は、幼少年期に深く傷ついた人であることがほとんどである。親から認められるよりも否定されることが多く、それでかなり嫌な思いをしてきたり、しつけという名の体罰を散々受けて傷ついてきただけに、もうこれ以上は傷つきたくないという思いも強いのであろうか、おとなとなった今、自分の言動の方に問題があるということを認めることは、まるで負けることのように思えてしまうのである。

このタイプの人が、一番変わりにくい。「自分は正しい、相手の方がおかしい」、このことがまるで信念のように心にへばりついているのである。

自分が激しく怒ってしまうということ、手を上げてしまうことを何とかしたい、なんとか改めなければならないという気持ちが本人になければ、ＤＶは改まらないのである。

④　もう大丈夫、ＤＶは克服したと勝手に判断し、カウンセリングを途中で止めてしまう人

カウンセリングを受けることで、自分がどうして暴力を振るうようになってしまったのか、自分のどこに問題があったのか、パートナーとはどう向き合うべきだったのか、などがある程度わかってくると、

それだけでDVを克服できたように思ってしまうのか、カウンセリングを受けることを勝手にやめてしまう人がいる。

あるいは自分のDV行動の元が、育ちの中でついた心の傷からだと知ると、もうそれだけで納得しDVを克服できたと思い込んでしまう人がいる。

DVの原因を認識できたことと、DVを克服できたこととは、イコールではない。何年も何十年も染みついていたものが、簡単に克服できるわけではない。しかし、もう大丈夫と勝手に思い込んでしまうのであろうか。

こういう場合、この人がどこまでDVを克服できたかは定かではない。せっかくよくなってきたのに、もったいないと思う。パートナーとの関係が切れていない場合は、きちんとパートナーから終了の了解を得るまでは通ってほしいものである。

⑤　別居が長期にわたったり、離婚が決定的になったりすると、もういいやとばかりにカウンセリングに通わなくなってしまう人

パートナーが出て行ってしまい、なかなか別居が解消できないと、諦めてしまうのか、カウンセリングを受けることをやめてしまう人がいる。あるいはパートナーから再同居はどうしても嫌だからと離婚を告げられたりすると、やはりカウンセリングをやめてしまう人がいる。モチベーションが下がってし

まうのであろうか。こういう人たちも、どこまでＤＶを克服できたかは全く不明である。
たとえ今のパートナーとはダメになっても、人生は長いし、まだこれから先いろいろな人との出会いもあるだろうから、この機会にしっかりとＤＶを克服してほしいのだが、途中でやめてしまうのは残念である。

私の行うＤＶ加害者カウンセリングの内容に、今後さらに磨きをかけ、改善し、この第８章で書いてきた諸問題を少しずつでも克服できたらと思う。それが私の今の課題でもある。暴力克服に有効と思えるものは、どしどし取り入れていきたいと考えている。

あとがき

「DV加害者が更生しない限り、DVはなくならない」

DVの実態は悲惨なものである。DVの被害者の苦しみは並大抵のものではない。幸せになれると思って一緒になった夫婦間で、あるいは恋人間で暴力が存在するというのは、なんとも悲しい限りであり、残念なことである。そのためにも、特にDVの被害者に対しては早急に支援や救済に力を入れ、その体制を整えなければならないのはもちろんである。

しかし繰り返し言うが、私たちは、DVには被害者もいるが加害者もいて、ほぼ被害者と同じ数だけの加害者がいるということを忘れてはならないだろう。そしてなによりもDV加害者が更生し、DV行動をしない人になってもらわない限り、DV被害は一向に減っていかないし、なくなっていかないということである。

しかし現実は被害者への支援体制に比べ、加害者への対策は全くと言っていいくらい不充分である。国の方も、県の方も、各市町村でもまだほとんど有効な対策が取られていないと言ってもいいくらいだと思う。ほんの一部の限られた所で、少しずつ行われているだけである。

DVの認知の数だけ加害者がいるのである。加害者が更生しない限り、被害者は増え続けるのである。DV加害者を更生させる、DV加害者を新たに生まない、そうした対策が緊急に必要である。私の実践は、そうした対策を進める上での一つの提起である。

ＤＶは人への暴力である。なぜ人が人に暴力を振るうのかと言えば、暴力を振るう人は、精神的な暴力も含め、暴力を見て、聞いて、受けているからである。暴力を目の当たりにして、暴力をする人になっていくのである。ＤＶは暴力の連鎖が生むのである。

確かに暴力を振るわれてきても、それを反面教師にして暴力を振るわない人もいるだろう。しかし、それだけの強い意志を持てる人は少数である。また育ちの中で暴力を振るわれてきたのに自分は暴力を振るわないという人は、その分暴力を振るわれた痛みを自分で抱え込み、精神疾患的な症状に悩んだりすることがある。暴力を受けた痛みを、他人に向けるか、自分で抱え込むかの違いとも言える。

ＤＶ加害者はほとんどが、その生い立ちの中ではＤＶ被害者である。持って生まれたものではなく育ちの中で身につけたものである。だからこそ体からそぎ落とし、克服していくことができるのである。

しかし、だからと言ってＤＶ加害者はＤＶをやめると約束したり、誓ったりするだけではなかなか克服することはできない。約束や誓約だけでは、何十年も体に染みついたものをそぎ落とすことはできない。ＤＶ加害者更生プログラムのあるカウンセリングを受け、しっかりと自分と向き合い、暴力性を認識し克服し、そして人との新たな関係のあり方を学び直すことで、少しずつ変わっていけるようになるのである。

どの人も変われる可能性を持っている。しかしそれは、これまでとは違う言語体系や違う生き方をしていくことになるので、外国語を習得するのと同じくらいの覚悟と努力がいる。その覚悟を持ち、努力をした者だけが、

ＤＶを克服することができるともいえる。

私の行ってきたＤＶ加害者カウンセリングは、ゲシュタルト療法や認知行動療法などの心理療法を中心に教育プログラムも取り入れたもので、とてもわかりやすいものであると思っているし、効果を実感できるものである。だから多くのカウンセラーの方々に取り入れてほしいし、実践してほしいものである。

そして全国どの県でも、どの市町村でも、このＤＶ加害者カウンセリングを行い、ＤＶ加害者の更生とＤＶ被害者の支援に役立ててほしいと願っている。

ＤＶ問題の解決に少しでも寄与できればうれしく思う。

最後に、本書の執筆、掲載にご協力くださった方々に謝辞を述べたい。

執筆のきっかけを作ってくださった性教育の先達である村瀬幸浩氏、また本書の刊行を引き受け、いろいろとアドバイスをしてくださったエイデル研究所の熊谷耕氏、本書への事例として掲載を快く承知してくれたクライアントの皆さん、そして陰になり日向になり執筆を支えてくれた妻に、この場を借りて感謝を申し上げたい。

２０１９年７月

松林　三樹夫

筆者略歴

静岡県生まれ。心理カウンセラー。性教育講師。１９７５年より静岡県公立中学校社会科教諭として30年間勤務。〝人間と性〟教育研究協議会会員、全日本カウンセリング協議会認定・カウンセラー、日本産業カウンセラー協会認定・産業カウンセラー。２００６年より松林カウンセリングルームを開設し、現在に至る。２０１０年よりＤＶ加害者更生プログラムを導入。現在、ＤＶ・虐待加害者の更生、ＤＶ・虐待被害者の支援、家族問題、ＰＴＳＤ、精神疾患、性犯罪、各種ハラスメントなどのカウンセリングを行っている。

著書

『中学校性教育の授業展開例』（共著・東山書房）
『中学校性教育の全貌』（共著・東山書房）
『性教育・３分間スピーチ99例』（共著・十月舎）

松林カウンセリングルーム　https://counseling.eshizuoka.jp/

立ち直りへの道
DV加害者カウンセリングの試み

2019年8月26日　初刷発行

著　者■松林 三樹夫
発行者■大塚 孝喜
発行所■株式会社 エイデル研究所
〒102-0073　東京都千代田区九段北4-1-9
TEL. 03-3234-4641／FAX.03-3234-4644
装丁デザイン■熊谷 耕
本文 DTP　■大倉 充博
印刷・製本　■中央精版印刷株式会社

Printed in Japan　ISBN978-4-87168-638-9　C0036
（定価はカバーに表示してあります）